# CLAVES DEL ÉXITO DESDE LA EXPERIENCIA

Patricio Wazhima Zhunio

**Claves del Éxito desde la Experiencia**

Por: Patricio Wazhima Zhunio



Primera edición, 2018

ISBN-13: 978-0-692-13835-9
ISBN-10: 0-692-13835-8

Revisión de textos:
Co.Libri Publishing LLC
Diseño de portada:
Co.Libri Publishing LLC

Tiraje: 1000 ejemplares

Impresión:
Imprenta Gráfica Lituma,
Calle Daniel Alvarado 3-65 • (07) 2 846723 / 835242
Cuenca-Ecuador

# ÍNDICE

# DEDICATORIA

A los viajeros que hacen cadena para llegar. A aquellos héroes silenciosos que viajan en busca del "Sueño Americano".

Para aquellos que sucumbieron al cruzar el desierto o se dejaron arrancar su futuro por traficantes de personas.

Para los valientes que soportan la persecución de los racistas de supremacía blanca normalizada por el actual presidente de Estados Unidos, Donald Trump y otros líderes mundiales que crearon una ola de sentimientos nacionalistas y que despertaron el odio hacia las minorías, en especial a la latinoamericana.

A todos los que arriesgaron sus bienes para mejorar sus condiciones de vida.

A mis padres y mi familia, por su amor y fortaleza, por ser ejemplos vivos de ideales nobles, amor permanente, manifestado en constante sacrificio, y a quienes debo todo lo que soy. Ante ellos mi promesa sincera de continuar adelante y de luchar para no defraudarlos jamás.

Patricio Wazhima Z.

# PRESENTACIÓN

Cuando nuestro origen es un mundo lleno de dificultades, los retos nos llevan a poner en juego mente, decisión y espíritu, para tomar de un mundo extraño lo que se presenta. Es esa firmeza y ahínco que tenemos los latinoamericanos para sobrevivir a las dificultades que nos muestra un país desconocido. Esa fuerza latinoamericana, mezcla de la férrea convicción de la sangre indígena y la aventura, herencia del viejo mundo.

Dos elementos claves (aborigen y conquistador) para sobreponernos a la carencia y a las proporciones de un mundo globalizado, industrializado y de múltiples oportunidades son los mestizos. Los migrantes empujados por la privación, la curiosidad, el deseo de aventura, hemos decidido enrumbarnos en busca de un mundo de oportunidades, de un mundo que ha puesto vallas, muros y normas que desafiamos, provocando así una lucha adaptativa para lograr mejorar nuestras condiciones de vida. Adaptarnos a nuevas costumbres y ritmos de vida, es el precio que tenemos que pagar al desprendernos del lenguaje, de modismos, nombres, toponimia, historia, cultura y asimilarnos a una diferente.

Somos migrantes de las tierras del sol y la luna, de aquella Pachamama, quien junto con nuestros seres queridos, lloran nuestra partida y añoran nuestro regreso.

Es hora de enfrentar lo desconocido, conocer lo que nos espera, y así adquirir el conocimiento para aprovechar las oportunidades que se nos presenten; con la mirada fija y acuciante para no dejarse vencer por el temor y por la duda.

Como el fruto de veintiocho años de vida inmigrante en los Estados Unidos pongo a vuestra consideración la obra: "Claves del Éxito desde la Experiencia". Obra que busca sintetizar ciertas experiencias de mi vida, coraje y decisión como mecanismo de supervivencia y adaptabilidad para seguir adelante. Tomen de este libro lo que puedan y ahorren tiempo valioso siguiendo el conocimiento y lecciones que han marcado la vida de éste latinoamericano en Estados Unidos.

Patricio Wazhima Z.

# PRÓLOGO

Conocer la obra de Patricio Francisco, "Claves del Éxito desde la Experiencia", la obra proyecto cantonización de Jima (1990), y otra obra "Migrantes" inédito, es considerar al transeúnte humano que aún no ha dejado su condición de movimiento; las comunidades primitivas se movilizaban en busca de alimento o por dominio a pueblos vecinos.

Históricamente los movimientos sociales respondieron a causas de las guerras de conquista, que significaron el sometimiento de pueblos y la consecuente concentración del poder y la riqueza. El trashumante por naturaleza, no ha terminado su sedentarismo por causa de la pobreza, de las guerras, la ideología, la religión, cuya dinámica mueve a los grupos sociales permitiendo una mezcla racial, modificando estados y rompiendo fronteras. Aristóteles caracterizó al hombre como un ser social por naturaleza, pero la historia de los pueblos nos ha demostrado que el hombre es también un "transeúnte por naturaleza".

El dominio español y su consecuente despojo de los recursos, inicialmente metales preciosos (oro y plata), marcó la dinámica latinoamericana como fuente de riqueza. El poder de la "invasión española" se aprovechó también de la habilidad de nuestros pueblos en las mitas y obrajes, que marcaron -para mi criterio- la herencia del subdesarrollo; pues se rompió y allanó la dinámica del modo de producción comunitario.

La etapa emancipadora de los pueblos no significó su libertad, más bien fue el comienzo de una etapa de sometimiento al mercado, al endeudamiento y al cambio de dominio; seguido de la concentración de la tierra y la riqueza en pocas manos, generando así, una masa de pobres a la venta de su fuerza de trabajo, como único medio de sobrevivencia, que, al no encontrarla en el país, se dirigen hacia otros espacios: Estados Unidos, Italia, España, la misma Venezuela en sus buenos tiempos.

El remedo del Sumak Kausay pregonado por los socialistas del siglo XXI, desdibujó el contenido de la Filosofía Andina, mancilló la teoría de la igualdad social, la solidaridad, el trabajo comunitario y sobre todo la honradez, generando la desconfianza del pueblo y provocando masivamente la búsqueda y satisfacción de las necesidades prioritarias en otro espacio del planeta.

Las remesas por parte de los migrantes se constituyen para el Ecuador, en la segunda fuente de ingreso, misma que lastimosamente no se aprovechó con políticas de desarrollo para canalizar económicamente esos recursos, siendo aprovechados por el comercio suntuario y el derroche en fiestas y actos sociales, por quienes recibían las remesas.

Rompiendo toda esta dinámica, la obra de Patricio: "Claves para el Éxito desde la Experiencia", se diferencia de aquellas quejumbrosas y dolientes travesías que libra el migrante para llegar a su destino. Obras que se basan en la queja y la denuncia de maltrato y segregación. Patricio se plantea retos y metas a cumplir en base al trabajo, educación, disciplina, honradez y sobre todo dignidad, factores que le posibilitarán tomar riesgos y diversificar la inversión, en el mismo país que les acogió.

Para Patricio Estados Unidos de Norte América, significa el lugar donde los que no tienen, los desposeídos, cumplen sus sueños, al mejorar las condiciones de vida, al obtener trabajo y oportunidades, contrario al Estado de origen, que debió abandonar por falta de lo mismo.

Patricio ha llegado a concretar los "Tips o los mecanismos" que harán posible llegar al éxito. ¿Cuáles son estas claves? Las encontraremos a lo largo de su obra estructurada en varios temas, claros y muy sencillos que llegarán al lector y se constituirán en guías indispensables a seguir, por todo migrante que desee triunfar.

Socióloga Rosa Erráez P.

# BIOGRAFÍA

Nací el 29 de Agosto de 1963 en la parroquia Jima cantón Sigsig, provincia del Azuay, República del Ecuador. Hijo de Francisco Cornelio Wazhima Malla y Elisa de Jesús Zhunio Zhunio. Mi familia está compuesta por cinco hermanos: Sara, Piedad, Patricio, Severo y Franklin.

Mi señor padre, un agricultor obsesionado con los bienes y raíces, acumuló un considerable número de propiedades en su pueblo, apoyado por mi madre. Ella es una mujer atractiva, hábil para las actividades culinarias, jardinería, y con destreza para tejer a palillo y crochet. Confeccionaba prendas para sus hijos, realizando esta labor hasta la actualidad. De ella sobresale su personalidad amigable y jovial siendo siempre el centro de atracción.

Los primeros años de mi vida transcurren en el caserío de Tacadel y un periodo de tres años en la parroquia San Miguel de Cuyes (Morona Santiago) hasta mis seis años. La escuela primaria la curso en la escuela Lorenzo Piedra de la comunidad de Tacadel hasta el tercer grado, para luego culminar mis estudios primarios en la escuela Remigio Estévez de Toral de la parroquia Jima hacia donde todos los días caminaba doce kilómetros.

Culmino mis estudios de ciclo básico en el Colegio Carlos Aguilar Vázquez para luego asistir al seminario menor San Luis Gonzaga en la ciudad de Cuenca donde residía y recibía clases de Teología. La formación académica recibía en el Colegio Orientalista Salesiano al cual llegábamos todos los días en "la tortuga", un bus GMC viejo muy peculiar.

Mis decisiones fueron mayormente influenciadas por mi abuelo Francisco Wazhima Flores, hombre con una filosofía tradicional, conservadora y religiosa, que deseaba tener un sacerdote en la familia. Esta experiencia fue muy productiva especialmente para adquirir disciplina. En el Orientalista Salesiano y la Universidad Católica de Cuenca se preparaba a los futuros sacerdotes enfatizando la educación universitaria en teología y filosofía. En mi caso solo mantuve un año de estudios porque no tenía vocación religiosa, pero considero el conocimiento fue muy valioso. Me inculcaron muchos valores éticos y morales que han perdurado en mi persona. Culmino mis años de bachillerato en uno de los más prestigiosos colegios de la ciudad de Cuenca, el Benigno Malo; aquí comienza una vida activa al ser miembro del grupo de teatro dirigido por el Lcdo. Marco Cedillo, donde llegué a conocer muchas personalidades del ámbito cultural e intelectual de la ciudad y el país. Este colegio también tenía mala reputación al considerar a sus estudiantes revoltosos e indisciplinados.

Desde niño siempre desaparecía de mi casa y me metía en problemas. Por ejemplo, a mis diez años dejo mi casa para trabajar en una carpintería en la ciudad de Cuenca. Este carácter me ha llevado a tomar decisiones genuinas como saltar de aviones (Long Island), lanzarme a ríos turbulentos (Costa Rica) y viajar a Machu Picchu, a Teotihuacán, Guatemala, a las Islas Galápagos, al Canal de Panamá, a Cuba, a Colombia (Bogotá, Cali, Pereira, San Andrés) y provincias de Ecuador; también me ha llevado a realizar actividades físicas y practicar deportes rudos individuales como el judo, boxeo, levantar pesas y hasta participar en maratones con algunas preseas doradas.

Siempre he admirado líderes, personas inteligentes y físicamente cultivadas, incluyendo personajes de la ciencia ficción para divertirme. En mi niñez me gustaba ir a pescar en el río Malla y Moya de la parroquia Jima, incluso recuerdo cada curva y roca de estos afluentes, además de esas pozas donde existían truchas.

Con todas estas experiencias a los 18 años estaba culminado el bachillerato listo para cursar la universidad, pero en mi caso, con mi estatura de 5´2, y con 55 kg, decidí ingresar al servicio militar que ya no era obligatorio. Esos quince meses fueron muy productivos, llenos de incentivos, ascensos y disciplina que han influido mucho en mi vida diaria la cual manejo de acuerdo al viejo adagio "mente sana y cuerpo sano". Considero mi carácter rebelde, razón por la cual nunca he callado mis ideales, y tampoco soy o he sido un robot obediente. Este carácter me fue tan beneficioso, pero también por ello siempre fui sancionado o castigado. En cuanto a mis amigos, siempre fueron de extremos intelectuales, disciplinados, mientras que otros eran indisciplinados. Siempre he dejado en alto mis posturas democráticas, de justicia, libertad y anti-regionalismos.

En los momentos actuales mantengo amistades diversas incluyendo raciales y políticas. En el servicio militar conocí al Coronel Paco

Moncayo comandante del B-21 Macará, posteriormente este fue Ministro de Defensa en la guerra del Cenepa, ganada por Ecuador en el enfrentamiento bélico con Perú.

Después del servicio militar regreso a estudiar filosofía en la Universidad del Azuay en la especialidad de Historia y Geografía, aunque la intención fue seguir Jurisprudencia. Incluso me enamoré de la carrera militar e intenté ir a la escuela militar, pero la situación económica y el palanqueo[1] me cerraron las puertas. De cualquier forma en 1990 me gradué de licenciado en Estudios Sociales con un tribunal de intelectuales como los doctores Mario Jaramillo, Juan Martínez y Napoleón Almeida. En mi época de estudiante universitario además trabajé en la Pontificia Universidad de Cuenca en dos proyectos; uno con el paleontólogo graduado en la Sorbonne de Paris, el Dr. Napoleón Almeida en el proyecto de registro de sitios arqueológicos; el segundo lo realicé con la Dra. Ana Luz Borrero en censos de población. Posteriormente fui supervisor de los programas de alfabetización durante el gobierno del doctor Rodrigo Borja.

Estas experiencias me permitieron conocer personas importantes como la Geógrafa Dra. Guadalupe Larriva, ex Ministra de Defensa y mi compañera de trabajo en la elaboración de una reseña histórica y geográfica para la cantonización de la parroquia Jima.

En 1991 viajo a los Estados Unidos obviando un ofrecimiento de nombramiento al colegio del Sigsig. No pienso que me equivoqué al escoger emigrar sobre una profesión pedagógica ya que el Magisterio no es bien remunerado en Ecuador y casi en todos los países del mundo ser maestro es una profesión noble pero muy sacrificada.

En los Estados Unidos mis primeros empleos fueron: lavar platos en un restaurante, construcción, joyería, jardinería, de mesero, agente en ventas de bienes y raíces, y asesor financiero.

A medida que transcurrió el tiempo fui ascendiendo a diferentes posiciones, sin embargo, mayormente dediqué mis servicios a la industria de restaurantes. Además, siempre tuve un segundo empleo en diversas

---

1 Palanqueo: Regionalismo que se refiere a conseguir empleo o nombramientos oficiales gracias a las amistades o lazos de sangre. Nepotismo.

áreas (part time)[2]. Tomé cursos de inglés ESL[3], GED[4] competencias, seminarios y asistí a Tauro College para perfeccionar el inglés. También tomé cursos de vocalización en Kings Borough Community College. He hecho excursiones y viajes puesto que considero importante tener tiempo para disfrutar Nueva York y del mundo.

Cuando regreso a Ecuador siempre comparto mis experiencias bonitas y genuinas, muy al contrario de otros inmigrantes que tienen malos recuerdos y experiencias, y que maldicen su estadía en el exterior. En mi caso esta flexibilidad económica me mareó para cometer errores, tanto que llegué a tener problemas con la justicia. Fui tratado drásticamente por el sistema y la sociedad por no controlar mi conducta. Estas experiencias inolvidables fueron superadas con el apoyo de mi hermano, Severo Wazhima mi sobrina, Lucia Zhunio, y por personas allegadas omitidas sin intención que se solidarizaron conmigo para ayudarme a salir adelante.

En el año 2000 asistí al Boricua College donde estudiaba y trabajaba. Allí obtuve mi Asociado (AA - 2002) que es un título universitario de preparación básica. Luego el 1 de Mayo del 2004 me gradué de Bachiller en Administración de Empresas, pero a pesar de que era profesor no opté por esta rama ya que aquí los maestros son títeres de los estudiantes, familiares y del sistema. Al mismo tiempo obtuve mi licencia en ventas de bienes y raíces, también fui a tomar un curso con H&R Block, una empresa que enseña a declarar y calcular los impuestos. Durante todo este periodo me privé de vacaciones lo cual me permitió estabilizarme sin mayores esfuerzos. Con el apoyo de mi familia decidimos invertir en bienes raíces, y gracias a Dios y el trabajo, podemos vivir con holgura dándome pequeños caprichos como disfrutar de motocicletas, autos convertibles, restaurantes, cigarros y viajes a lugares exóticos. Eso sí, cumpliendo con los pagos, obligaciones y sobre todo, el bienestar de la familia.

---

2 Part time: Trabajo de medio tiempo donde se emplea 30 horas o menos por semana.

3 ESL: English as a second language. Inglés como lenguaje secundario. Clases proporcionadas a individuos no-nativos donde se enseña inglés.

4 GED: General education diploma/development. Una serie de exámenes que sirven para que los estudiantes cumplan con el nivel bachillerato o high school. GED es un requerimiento para estudios superiores para los no graduados de escuelas regulares.

Mis padres viajaron muchas veces pero los viejos son aferrados a sus costumbres, su tierra (llacta)[5]. Por eso no han regresado.

Estas experiencias y vivencias les comparto con humildad de cómo vivir dignamente sin torturarse y atormentarse, sobre todo hacer las cosas legales sin perjudicar, peor aún, romper las leyes. Se puede vivir manteniendo una postura ética y moral respetable con los demás.

Mis últimas hazañas fueron participar en la media maratón (Mayo del 2010), el haber sido nominado al mejor mesero en el condado de Staten Island (2012); y, recientemente en Marzo 2017 participé en la competencia City Challenge Race, la misma que me incluyó en el comercial de televisión Yes TV Network (The Yankees Channel) que promociona competencias deportivas.

*Fuente: Patricio Wazhima Z. durante maratón City Challenge Race of New York. Yes TV Network.*

---

5 Llacta: (llaqta o llajta) es un término que define los antiguos poblados de los Andes Centrales, especialmente aquellos que funcionaban como centros administrativos durante el Imperio inca (siglos XV y XVI).

# RESEÑA HISTÓRICA DEL PAÍS DE ORIGEN

Como ecuatorianos nos ha tocado vivir momentos difíciles igual que a otras naciones Latinoamericanas. Parece que después de la conquista española perdimos la identidad y esta inter- culturización producida a partir de 1492, trajo consecuencias devastadoras, por ejemplo, las deudas económicas a causa de la independencia casi imposible de pagarlas por la corrupción de los nuevos gobiernos criollos que supuestamente comenzaron como estados libres y soberanos. Condición misma que fue aprovechada por los políticos para seguirse endeudando, creando países tercermundistas con un falso desarrollo como: Brasil, Argentina, y México. Esta falsa concepción nos hace que inconscientemente, con orgullo y patriotismo celebramos las independencias con algarabía, desfiles militares y derroche económico, incluso en el exterior (Estados Unidos, España, etc.), sin recapitular la dependencia que tenemos con grandes deudas acompañados de la pobreza.

El contexto ecuatoriano es caótico a pesar de ser un país explotador de petróleo y con recursos naturales, con el turismo, con servicios, con producción agrícola ganadera, provistos de suelos y climas variados; beneficios que lamentablemente son aprovechados por los gobernantes de turno para su enriquecimiento y concentración de riquezas en pocas manos. Por ejemplo, el boom del petróleo, en tiempos de la dictadura militar del general Guillermo Rodríguez Lara, luego con escenarios similares y en forma agresiva aparece la farsa de la dictadura socialista del Siglo XXI. Cuando el petróleo estaba a $ 130.00 dólares, los socialistas correístas se llenaron los bolsillos con los negociados del petróleo con China, más los contratos con coimas con la transnacional brasileña Odebrecht donde hicieron obras con sobreprecios; a esto se le agrega el haber hipotecado al Ecuador con deuda sujeta a intereses sobre una tasa de interés internacional chulquera[6]. Insensatos con el gigante asiático (China) con quien Latinoamérica solo tiene un dieciocho por ciento de relaciones comerciales. La razón de esta política es la alineación de los presidentes especialmente del ALBA; también los de UNASUR (falsos socialistas) que pregonan una enemistad con el imperialismo norteamericano con el fin de ganar votos, pero las

---

6 Chulquera: Regionalismo ecuatoriano que se refiere a quienes prestan dinero con una tasa de interés exagerada e ilegal.

negociaciones son desfavorables por el entreguismo del gobierno hacia el Imperio Chino carente de tecnología. Por ejemplo, unos vehículos para el ejército ecuatoriano importados (regalados) que se paraban a cada kilómetro por problemas mecánicos o los fusiles "donados" que no se encuentran y que posiblemente están en manos de la guerrilla. Además, los capitales y préstamos no fueron utilizados en obras, sino fueron para la propaganda política y lo peor, lo negociado en cuanto a los precios del petróleo donde se le involucra al vice-presidente de la república, Jorge Glas en complicidad con otras personas quienes gozaban de funciones en los otros poderes del estado.

Con esta incapacidad, fraude, narcotráfico, terrorismo de estado, relación del gobierno con la guerrilla, corrupción, criminalización de la protesta, persecución, justicia prostituida, sin libertad de expresión, asesinatos sin investigación, peor aún fiscalización a la cúpula socialista, los ecuatorianos nos vemos obligados a emigrar en busca de un mejor futuro para ayudar a la familia y lograr tener una vida digna. Como profesionales en nuestro país no encontramos fuentes de trabajo o tendríamos que pasar a engordar el sistema burocrático, afiliándonos al partido de gobierno donde le obligan a sufragar por ellos, salir a las marchas y contramarchas, y así lograr vivir bien a costa del engaño y el sufrimiento del pueblo.

En mi caso, como profesor estaba obligado a vivir con un salario limitado, sin esperanzas de llevar una vida digna que satisfaga las necesidades básicas como de tener un techo propio, educación, salud, transporte, con un sistema politizado en el Ministerio de Educación, y con una comisión de cambios e ingresos corrupta que recibían dinero para darle un puesto y cambios. Al ver este caos, decidí emigrar hacia los Estados Unidos en 1990. Por lo menos tuve la oportunidad de tener una oferta de nombramiento por mis estudios de profesor de segunda enseñanza y como Licenciado en Historia y Geografía, requisito para ser profesor de bachillerato en los colegios fiscales.

¿Qué pasaba con otros graduados? Un mínimo porcentaje estaban trabajando en la especialidad que se formaron, mientras que los otros graduados de diferentes facultades y con títulos varios tenían que hacer cualquier trabajo menos ejercer cargos en su profesión. Injusto después de haber asistido cinco años a la universidad y aguantar a algunos catedráticos con apuntes obsoletos sin actualizarse, con honrosas excepciones de maestros especializados en el extranjero por sus méritos pero que mayormente no cuentan, porque el palanqueo y el parentesco hacían de las Universidades Azuayas su patrimonio. Un caso de esta práctica es la de un rector en la Universidad Andina Simón Bolívar que fue elegido en forma legal pero la partidocracia del gobierno actual "correísmo" quiso imponer un rector afín a las líneas gobiernistas. Estos aberrantes y arrogantes comportamientos de imposición son típicos de gobiernos autoritarios de Latinoamérica. Más se ahonda en los gobiernos totalitarios (dictadores) de izquierda o llamados socialistas que han llenado las burocracias (cargos públicos) con incapaces que no pueden desenvolverse en sus funciones con escándalos de títulos comprados. Muchos profesionales con títulos universitarios están fuera porque no son parte de la alineación política; en los actuales momentos los profesionales si quieren mantenerse en el cargo tienen que callarse y ver la injusticia, caso contrario son removidos de sus cargos ya que no existe garantía de mantenerse en sus funciones con denominados contratos tramposos temporales, esta es una razón para abandonar el país.

Los motivos para emigrar son muchos. Al inicio solo lo hacían personas del campo (zonas rurales de Ecuador) en los años 60. En las últimas décadas, a partir de los años 80 con el desarrollo de la comunicación, especialmente la televisión que informaba cómo les iba a los emigrantes, especialmente a los cubanos huyendo de la revolución, a las personas de la ex Unión Soviética perseguidos por pensar diferente y que al mismo tiempo se adueñaron de sus bienes; otros tantos después de experimentar el socialismo de Stalin y otros dictadores que asesinaban a sus opositores. Es decir, todo el mundo que viene a los Estados Unidos ha logrado éxito, sea cual fuera la causa de su inmigración. La inseguridad social política y económica hace que los latinoamericanos emigren a los Estados Unidos.

En Ecuador los primeros migrantes fueron los campesinos de la Sierra, y pocos de las provincias de la Costa que dejaron las haciendas y se aventuraron al sueño americano; esto trajo una ola de amigos y familias que abandonaron el campo para unirse con los suyos en el exterior.

Otra causa de la migración es el crimen, narcotráfico, guerrilla (Colombia, México, Salvador, Honduras, Guatemala, Venezuela) e incluso grupos armados de extorsión y secuestros sin que los gobiernos hagan nada para evitarlo. En lo económico el cierre de los bancos o "Feriado Bancario" curiosamente acusado en Ecuador a Guillermo Lasso, pero estaban en la administración los actuales socialistas, es decir una mezcla de contradicciones donde los acusadores y acusados son cómplices. Este fraude provocó pérdidas para los emigrantes que trataban de regresar a su patria.

Actualmente las cooperativas de ahorro relacionadas con el lavado de dinero de los políticos de turno, quienes perjudicaron al pueblo con este tipo de gobernantes demagogos que con el tema del socialismo han engañado al pueblo y se han enriquecido ilícitamente creando un país de inseguridad económica donde nadie quiere invertir por la falta de garantías y ataque a la propiedad privada, persiguiendo a los inversionista nacionales y extranjeros.

*Cuba detenida en el tiempo después de la revolución del primero de enero de 1959 encabezadas por Fidel Castro.*
*FUENTE: Foto tomada por Patricio Wazhima Zhunio desde el Hotel Presidente de La Habana en abril 2 del 2016.*

De acuerdo al GAFI (Grupo de Acción Financiera Internacional) o FATF (Financial Action Task Force), el Ecuador es un país de riesgo (Lista Negra) por su inestabilidad económica, política y social, porque es un país que no garantiza el libre mercado de oferta y demanda que tampoco colabora para erradicar el narcotráfico y lavado de dinero. Al contrario, se han confiscado bienes para repartirse entre la pandilla socialista, algo que más ha repercutido son los medios de comunicación expropiados al servicio de la propaganda gobiernista que desinforma y confunde al ciudadano común y corriente que es incapaz de discernir y analizar la verdad sino que se lleva de la agresiva propaganda manipulada por mentiras con mezclas de nacionalismo y odio al imperialismo.

Para salir de la Lista Negra los países tienen que cooperar creando leyes o aplicándolas las existentes para controlar el lavado de dinero y narcotráfico. Esto beneficiará al país atrayendo capitales por la seguridad que representa o, por lo menos, podrá pasar a una segunda categoría de riesgo que es la Lista Gris donde están muchos países incluyendo los Estados Unidos. A más de esta seguridad es importante la estabilidad política y social para ser un país libre de restricciones que influye obviamente en el desarrollo a nivel internacional.

Las remesas son el segundo rubro de ingreso del país que en los últimos años ha disminuido porque latinoamericanos y ecuatorianos han preferido invertir en nuestros países de residencia, corriendo riesgos de perder las inversiones, tal vez por no tener un estatus legal. Preferimos quedarnos e invertir donde hay democracia y libertad de expresión, y no queremos la mordaza ni persecución o ver injusticias, negociados ni crímenes sin resolver, tal vez la muerte por pensar diferente, además de los impuestos al que trabaja y tiene bienes, en cambio al que no trabaja se le premia con el bono de desarrollo humano.

Todavía Ecuador permite emigrar libremente. Se puede movilizar a donde quieran ya que no estamos al extremo de Cuba y Venezuela donde se prohíbe la salida del infierno. Esta apertura de fronteras por parte de Rafael Correa no sé si fue planificada para que los narcotraficantes hagan del país el centro de distribución de drogas con tanta coincidencia que también expulsó a la base militar norteamericana de Manta que estaba destinada a impedir el narcotráfico. Esto les dejo a que juzguen a criterio propio. También se acusa que los guerrilleros entraron libremente con sicarios que incrementaron el crimen puesto que en el Ecuador se maneja el dólar, esto atrajo el crimen de lavado de dinero.

En conclusión, estas políticas trajeron el caos y para colmo las avionetas con droga y dinero que mayormente han tenido accidentes en Manta donde los socialistas instalaron radares inservibles (hechos en China) o últimamente los atentados en Esmeraldas tratando de controlar el mercado libre de exportación de droga o conexiones con la guerrilla del régimen anterior tratando de desestabilizar al nuevo gobierno. En estos países los revolucionarios que pregonaban igualdad ahora son los millonarios junto a sus colaboradores en el gobierno de Cuba, Venezuela, Ecuador, Bolivia, Nicaragua. Les impiden salir especialmente a funcionarios públicos y militares de alto rango (Cuba-Venezuela) que saben de las injusticias por temor a que se les denuncie y se enteren internacionalmente de la utopía socialista.

La corrupción, persecución, y pobreza en América Latina hace que emigremos y también que nos quedemos en otras tierras y que últimamente no enviemos capital para invertir por la inseguridad de la región, creando una nueva filosofía política de cuidar los capitales y evitar poner en manos de oportunistas que se aprovechan de la ingenuidad, la falta de conocimiento de manejo del dinero. A eso se le agrega el menosprecio hacia el emigrante al considerarnos iletrados, aplicándonos doble precio en bienes y servicios, por eso cuando regresamos es prohibido decir que vives en los Estados Unidos u otros países ricos.

Este mundo caótico lleno de odios políticos, económicos, sociales y religiosos, se demuestra la crisis humanitaria que hemos llegado. El día 20 de junio de 2017, Día Internacional de los Refugiados, se demostró que los Países Árabes (Middle East), África, Asia y otros arrojaron sesenta y cinco millones de refugiados entre mujeres, hombres y niños, el número más grande desplazados después de la segunda guerra mundial. No obstante los factores anotados, existen otros males y fenómenos naturales como las catástrofes naturales y las pandillas que han golpeado duramente a países centroamericanos, especialmente El Salvador con la MS-13 o Mara Salvatrucha. Este tema de las pandillas necesita especial atención en El Salvador, Guatemala, Honduras, y México, para el colmo también los tenemos en los Estados Unidos (MS-13, Latin Kings y etc.).

Estos países han tenido de todo: guerrillas, catástrofes naturales, tráfico humano, sicariato y narcotráfico, más enraizados en Colombia y México. Esta epidemia avanza incluyendo los intocables socialistas (Cuba, Venezuela, Ecuador y otros) están en la mira de la DEA (Drug Enforcement Agency) oficina que controla el contrabando de drogas.

# PERSONAJES EXITOSOS

Resulta necesario comenzar recalcando con ejemplos de personajes que han marcado un hito de desarrollo y éxito en su vida personal y global.

"Un emprendedor es persistente y tiene una visión clara." Así lo han demostrado Michael Dell y Richard Branson, quienes, pese a no cursar la universidad y el colegio, respectivamente han sabido liderar y triunfar.

¿Será que los maestros y compañeros de clase de Bill Gates imaginaron que su fortuna algún día alcanzaría la cuantiosa cifra de noventa mil novecientos millones de dólares?[7] Quizá fue difícil de sospechar si pensamos en que uno de los grandes visionarios de las últimas décadas abandonó la Universidad de Harvard a los veinte años. Como él, algunos de los multimillonarios más famosos del mundo, no cuentan en su hoja de vida con un título universitario, en algunos casos ni siquiera un título escolar. A continuación, algunos de ellos:

Steve Jobs[8]: el CEO que pensaba que "las personas que están lo suficientemente locas como para pensar que pueden cambiar el mundo... son quienes lo cambian", dejó la universidad liberal Reed College en Portland, Oregon en donde estudió un curso de caligrafía. Lo que pasó después es conocido mundialmente; creó Apple, una de las compañías más grandes y queridas del planeta que le dejó una fortuna de diez mil doscientos millones de dólares.

Amancio Ortega: el empresario español, quien forma parte los diez hombres más ricos del mundo, según Forbes, con una fortuna de sesenta y nueve mil millones de dólares, no la tuvo fácil al momento de forjar su legado. Abandonó el colegio a los trece años. Su visión de

---

7 Bill Gates Cofounder, Bill & Melinda Gates Foundation. REAL TIME NET WORTH – as of 4/11/18. https://www.forbes.com/profile/bill-gates/

8 Steven Paul Jobs (San Francisco, California, 24 de febrero de 1955-Palo Alto, California, 5 de octubre de 2011), más conocido como Steve Jobs, fue un empresario y magnate de los negocios del sector informático y de la industria del entretenimiento estadounidense. Fue cofundador y presidente ejecutivo de Apple Inc. y máximo accionista individual de The Walt Disney Company. https:// es.wikipedia.org/wiki/Steve_Jobs

"ofrecer moda a bajo precio" lo llevó a incursionar en la industria textil y diversificar sus productos hasta la creación de las marcas Zara, Pull & Bear, Bershka y Oysho y la adquisición del grupo Massimo Dutti (1995) y de Stradivarius (1999).

Bill Gates: el hombre más rico del mundo tampoco necesitó de un título para amasar su fortuna. Abandonó la Universidad de Harvard en 1975, con veinte años. Más tarde en el 2007, consiguió un título en Derecho en la misma Alma Máter cuando se le otorgó un Honoris Causa en reconocimiento a sus logros como empresario y por su labor humanitaria. Además, en un amante de la lectura.

Mark Zuckerberg: el joven CEO de la red social más famosa del mundo, Facebook, también ingresó a Harvard y la abandonó. El Departamento de Servicios Informáticos de Harvard lo llevó ante la administración con cargos de infringir la seguridad informática y violación de las políticas de privacidad y de propiedad intelectual. Ahora Zuckerberg cuenta con una fortuna de sesenta y cinco billones de dólares[9]. Google, CAJA DE PANDORA www.abordo.com.ec

9 Mark Zuckerberg - Cofounder, Chairman and CEO, Facebook - REAL TIME NET WORTH — as of 4/14/18 -https://www.forbes.com/profile/mark-zuckerberg/

# EL INMIGRANTE Y NUEVAS OPORTUNIDADES

Después de batallar en el nuevo país que nos atrajo, vienen momentos de tranquilidad donde podemos pensar y planificar mejor nuestras vidas y pensar en el sueño americano, actuando como individuos activos de la sociedad norteamericana. Esto sin desconocer que las oportunidades son diferentes para cada individuo que depende de la "suerte" o su aptitud de liderazgo y las ganas de salir adelante, el nivel educativo u otros factores que a veces son excusas para justificar y lamentarnos de que el sistema no es para nosotros o que es un mundo extraño. Esta forma negativa de pensar puede perjudicar mucho la vida del individuo, pero si hacemos énfasis en el viejo adagio "querer es poder" descubriremos que nada es imposible; ni siquiera importa si el estatus de la persona si es legal o no, si tiene un número Seguro Social, luego la vulgarmente llamada "Tarjeta Verde", y finalmente la Ciudadanía.

Estos documentos son el objetivo y el anhelo de todo inmigrante, pero al final son solo papeles que acreditan su estadía, lo que realmente vale es la perseverancia, disciplina, trabajo, educación, salud y otros respectos para lograr nuestras metas que principalmente son económicas.

*"Si naciste pobre no es tu culpa,*
*si mueres pobre sí es tu culpa"– Bill Gates.*[10]

El éxito y la decisión de progresar, no impide al indocumentado poder realizarse aunque sea sin los beneficios y protección que tienen los individuos con estatus legal (visas/residencia/ ciudadanía).

Muchas veces los legales no aprovechan las ventajas socio- económicas que tienen como la educación gratuita, seguro médico, alimentos, colección de salarios sin trabajar (Unemployment[11]). Algunos expertos acusan a estos beneficios de ser los causantes de la crisis económica

---

10 Quote – Bill Gates - https://wallstreetinsanity.com/15-bill-gates-quotes-that- will-inspire-you/

11 Unemployment: Seguro de desempleo - pagos en efectivo para los trabajadores que han perdido sus trabajos. Los beneficios pueden incluir seguro médico y capacitación laboral, mientras busque trabajo. No todos pueden beneficiarse de estas ayudas. Si ha perdido su trabajo, es posible que pueda recibir beneficios de desempleo mientras busca un trabajo nuevo.

pero tenemos mucho material controversial a tomar en cuenta de diversas visiones económicas, políticas y sociales.

No hay barreras cuando el individuo tiene una visión clara con objetivos de salir adelante, ya que bien puede auto educarse y especializarse en sus profesiones. Se ha constatado que cocineros han ido a las escuelas culinarias a especializarse, como también lo han hecho electricistas, plomeros, mecánicos, otras ramas de la producción y un insignificante número se ha educado y logrado un título universitario.

Los cursos, seminarios, licencias, certificados, diplomas no vienen a golpearle la puerta, hay que buscarlos y sacrificarse hasta conseguirlos. Todo el mundo sueña con ello y hasta se matricula, pero no siempre culminan los estudios. Lo importante es lograr la meta lo cual requiere dedicación y, especialmente cuando dependemos de nosotros mismos, el esfuerzo requerido es doble. En mi caso cuando fui a la universidad me dormía sobre mis tareas, pero logré obtener mi título en Administración de Empresas. Los latinoamericanos estamos avanzando lentamente. Cuando padres y niños inmigrantes pongamos empeño en la educación seremos una fuerza en todos los sentidos, especialmente con representantes que entiendan nuestras necesidades como la cultura, política y economía, podremos sentirnos orgullosos y hacer patria en Estados Unidos.

El hecho de ser residente legal de los Estados Unidos ayuda a tener más oportunidades en comparación con la persona inmigrante indocumentada, más aún si es ciudadano norteamericano se le incrementa las oportunidades y derechos como también deberes y obligaciones con una sociedad tecnológica, donde todo está computarizado y las probabilidades de fraude son mínimas ya que tarde o temprano se descubren. Por lo tanto más vale portarse bien y caminar derecho porque cuando la justicia te acosa es una piedra en el zapato hasta cuando soluciones los problemas ya que te mantienen vigilado dando seguimiento y poniendo obligaciones legales que hay que cumplir hasta que las autoridades competentes declaren la inocencia o sentencien el pago de la pena.

En caso del inmigrante indocumentado se hace más fácil no adherirse a la ley, ya que bien puede decidir cambiarse de nombre porque no consta en la base de datos que arroje un récord (licencia de manejo, seguro social, información de trabajo), que sí tienen los residentes legales y ciudadanos, por lo tanto le encuentran donde sea; al contrario de inescrupulosos individuos indocumentados de procedencia global que podían recibir medicina porque simplemente no pagan ya que estos se cambian de dirección, de nombres, en casos extremos de fraude como el uso de documentos ajenos, etc. Pero no todos son malos individuos, la gran mayoría de indocumentados pagan impuestos y tienen un número de identificación del contribuyente (ITIN) es un número de identificación utilizado por el Servicio de Impuestos Internos (IRS) en la administración de leyes tributarias. Lo emite la administración del seguro social (SSA) o el IRS.

Estas prácticas fraudulentas hicieron que se incremente el control de las autoridades y también se comenzó a generalizar y pensar que todos los latinoamericanos eran iguales de pillos o personas criminales. Es decir buscan crear un sentimiento anti- latinoamericano generalizado de chivos expiatorios sin nombrar a otras etnias que también defraudan. Esta ola anti-inmigrante desaparecería si cambiamos de conducta como el aprender inglés, especializarse en las áreas que se está trabajando, recibir menos ayuda social, respetar las leyes de este país, priorizar la educación, planificar en base a un presupuesto, cuidar la salud, etc. Sin olvidar que Estados Unidos es un país productivo de inmigrantes y que sus primeros migrantes fueron europeos que también tuvieron inconvenientes al instalarse en Norteamérica; los latinoamericanos llegamos tarde pero a pesar de eso todavía existen muchas oportunidades.

Los primeros inmigrantes europeos también sufrieron discriminación antes de ser aceptados. La historia nos recuerda las penurias que tuvieron que pasar los Italianos, Irlandeses y otras nacionalidades al llegar a la isla de la estatua de la libertad (Ellis Island), Isla que pertenece al condado de Manhattan en el estado de New York, donde se tramitaban sus documentos de permanencia en los Estados Unidos. Como en todas partes, la sociedad está llena de individuos extremistas, fascistas, supremacía racial (aria o  blancos).

Algo que deseo compartir con mis lectores es que un día me paré en la esquina de la calle cuarenta y dos y quinta avenida (Manhattan) allí el conglomerado humano diverso de afroamericanos, blancos, hindúes, latinos, árabes, judíos, chinos, etc., todos con sus diversos atuendos, lenguas y religiones, conviven de la manera más cordial (por eso se le denomina también capital del mundo a Nueva York) en un estado democrático sin extremistas nacionalistas, y si los hay, la gran mayoría los rechaza.

Este país no es el paraíso, como se nos quiere demostrar el gobierno, la prensa, incluso los propios migrantes. Aquí existen todos los prejuicios de las sociedades como es la desigualdad, discriminación, crimen, racismo, sin embargo hay leyes muy duras que protegen a las mujeres y niños, también hay leyes dedicadas a defender el odio racial hacia los inmigrantes indocumentados. Es decir, protegen a los menos favorecidos y entonces la tarea del ciudadano que quiere superarse es buscar estas entidades que contribuyen a solucionar problemas como, por ejemplo, una situación de enfermedad o abuso de los patrones, accidentes; también ayudan a encontrar centros de educación donde se enseñe inglés, clases de computación. En fin, hay un sin número de trabajos que requieren [illegible], entrenamiento y sobre todo tener licencias para evitar multas, luego abrirse espacio en otros campos de ocupación. El no poder trabajar por descuido a causa de la carencia de estos permisos y violaciones causan dolores de cabeza a los dueños de los negocios por sus multas exageradas y suspensión de obras hasta obtener los respectivos permisos, requisitos y obligaciones.

En nuestros países nos ayudan un poco los burócratas, especialmente en tiempo de elecciones. Esta actitud favorece para que se beneficien incapaces con buenos cargos y al pueblo le tiren migajas. En caso de Ecuador con el “bono de la pobreza”, más tarde llamado “bono de desarrollo humano”, con el tráfico de influencias entre partidarios incapaces, lo cual es una manera de comprar votos a la muchedumbre analfabeta, ingenua y empobrecida para que unos pocos oportunistas formen parte de la Asamblea Nacional y se vaya gestando un híper-presidencialismo capaz de tomarse todos los poderes del Estado y tengan a su disposición, asambleístas, función judicial y aparatos del estado, serviles del ejecutivo a imagen y semejanza de Cuba y Venezuela; caudillos, utópicos, represivos, socialistas.

En los Estados Unidos las oficinas de servicios sociales dan acceso a medicina, cupones de alimentos, asesoramiento legal, educación, sin necesidad de alianzas políticas. Estos beneficios reciben las personas legales e indocumentadas de toda raza y religión. Varias veces estos beneficios son objeto del abuso y el fraude, lo que ha hecho que estos proyectos estén en peligro de desaparecer.

Muchas personas desconocen estas ayudas y otros se aprovechan perjudicando a una gran mayoría necesitada. Estos deshonestos lo hacen dando falsa información y la mayoría que reciben ayuda es la clase media estadounidense, no los pobres inmigrantes legales o indocumentados.

Quienes se aprovechan son los migrantes rusos, asiáticos y de otras nacionalidades y en menor porcentaje, los latino-americanos, pero nos echan la culpa los politiqueros de turno o los grupos que auspician a las autoridades nacionales y locales que están en ambos partidos (Republicanos y Demócratas); y, por qué no mencionarles a los del Tea Party, conservadores con algunos defensores de la supremacía blanca (Ku Klux Klan)[12]

Últimamente con el fenómeno Trump los inmigrantes (Alien)[13] sean legales o indocumentados tienen temor de reclamar sus derechos porque tienen que ir a oficinas donde temen ser arrestados por oficiales de inmigración ICE[14], por lo tanto, esas ayudas están disponibles en las oficinas hasta cuando se aclare la situación de persecución a los latinoamericanos por parte de este gobierno frustrado por los reveses políticos en el congreso donde no puede reemplazar el plan médico de Obama y otras leyes y se desquitó con la migración, atropellando leyes universales, logros sociales como Daca[15], TPS[16], etc.

El presidente Donald Trump ha demostrado su odio hacia los latinoamericanos con la persecución y deportación de supuestos criminales que realmente son individuos con casos legales pendientes, o

---

12 Ku Klux Klan. 1: la sociedad secreta estadounidense posterior a la Guerra Civil aboga por la supremacía blanca. 2: un grupo fraterno secreto del siglo 20 celebrado para confinar su membresía a los cristianos blancos nacidos en Estados Unidos.

13 Alien: Extranjero-extranjera. Que es o viene de otro país.

14 ICE El Servicio de Inmigración y Control de Aduanas (ICE, por sus siglas en inglés) de EE. UU. Impone leyes federales que rigen el control fronterizo, las aduanas, el comercio y la inmigración para promover la seguridad nacional y la seguridad pública. ICE se creó en 2003 mediante la fusión de los elementos de investigación y cumplimiento interior del antiguo Servicio de Aduanas de los EE. UU. Y el Servicio de Inmigración y Naturalización.

15 DACA - Acción Diferida para Llegadas en la Infancia (DACA) es una política de inmigración estadounidense que permite que algunas personas que fueron traídas a los Estados Unidos ilegalmente como niños reciban un período renovable de dos años de acción diferida de la deportación y sean elegibles para un permiso de trabajo en los EE. UU.

16 TPS – Temporary Portected Status es un estatus de inmigración temporal otorgado a nacionales elegibles de países designados.

utiliza excusas de las pandillas como la MS13[17], terrorismo, el narcotráfico para separar familias honestas, trabajadoras y sin problemas legales.

Lamentablemente el ser indocumentado es un crimen para Trump, lo cual fue el eslogan de campaña política al prometer terminar con la inmigración ilegal construyendo un majestuoso muro pagado por México, cosa que no ha sucedido y fue ridículo desde el inicio de su campaña, algo que no tenía sentido. Esta xenofobia la tenía desde mucho antes, por ejemplo, cuando la reina de belleza Alicia Machado subió de peso Trump la llamó "Miss Piggy" y la acosó hasta el extremo de constatar que haga ejercicios en el gimnasio y también le denominó a la Miss Universo "Miss Housekeeping". Otra experiencia vergonzosa lo vivió el periodista Jorge Ramos de la cadena televisiva Univisión que fue expulsado de una rueda de prensa por sus guardaespaldas.

Tampoco olvidemos que el presidente Donal Trump indultó al ex alguacil autodenominado "El policía duro de América" Joe Arpaio (Maricopa County, Arizona 1993-2017) condenado por violar la constitución, discriminación contra los latinoamericanos usando estereotipos raciales en contra de la población de origen latino.

El presidente se mantiene muy ocupado con sus tweets criticando a la prensa y sus opositores (mensajes públicos) limpiando, secando la Ciénega (Draining the Swamp) donde entran y salen los empleados al mando de la primera familia que prioriza sus negocios sobre los intereses nacionales. A donde viaja la familia promocionan sus negocios con el apoyo de los republicanos y conservadores que le admiran por sus ideologías nacionalistas de supremacía blanca, como cuando dice que la inmigración de Noruega es bienvenida, les emborracha con fantasías utópicas mientras Irán y Corea del Norte están desarrollando armas nucleares. Recientemente el presidente Donald Trump está trabajando con su equipo diplomático para lograr la desnuclearización de Corea del Norte después de agresiones verbales con Kim Jong Un. Aparentemente

---

17 MS-13 (Mara Salvatrucha, también conocida simplemente como MS o Mara) es una banda criminal internacional que se originó en Los Ángeles, California, EE. UU. En la década de 1980. Posteriormente, la banda se extendió a muchas partes de los Estados Unidos continentales, Canadá, México y América Central, y está activa en áreas urbanas y suburbanas. La mayoría de los miembros son de origen centroamericano, principalmente El Salvador.

después de la reunión que mantuvieron los líderes de ambos países, hay un retroceso político armamentista que preocupa a las demás naciones del mundo. En cambio China y la Unión Soviética están interesados en extender su influencia geopolítica y militar mundialmente, USA pierde el liderazgo por su aislamiento, proteccionismo en un mundo inevitablemente globalizado. A esto se suman los conflictos por doquier como, por ejemplo, el tratado de libre comercio de América del Norte, el acuerdo de París[18], Unión Europea, problemas internos de abusos sexuales, armas en las calles vendidas por sus auspiciadores de su campaña y otros de su partido NRA (asociación nacional de rifles) etc. Lo más curioso es que Donald Trump no se manifiesta en contra de la Unión Soviética, nuestro enemigo común, será tal vez por la intervención de Vladímir Putin en las elecciones que favorecieron a él o la relación con los banqueros rusos en sus negocios.

Según una cadena latinoamericana en Estados Unidos, parafraseó: "Parece que después de ocho años del gobierno de Obama los problemas sociales se ahondaron al punto que los grupos radicales apoyados por Donald Trump aumentaron, a novecientas diecisiete organizaciones radicales, ciento treinta Ku Klux Klan y en los momentos actuales hay catorce organizaciones anti-inmigrantes reclutando miembros. El estado de California es el que tiene mayor número de grupos de extrema derecha".

Como antesala a la opción beneficiosa del país de asentamiento migrante -Estados Unidos-, es indispensable poner en marcha, por parte del inmigrante latinoamericano énfasis en la educación, el aprendizaje del idioma inglés, etc.; pero también a seguirse formando y alimentándose de la herencia social y cultural de nuestros países de origen. A mis compatriotas ecuatorianos quienes venimos a este país con un bachillerato como mínimo (High School) o en otros casos con educación de tercer nivel, no nos deprimamos al enfrentar una realidad incierta, la cual es aceptable y entendible. Debemos tomar el reto y poner interés en desarrollarnos. En comparación con otros profesionales de otros países

---

[18] El Acuerdo de París, se basa en la Convención y por primera vez reúne a todas las naciones en una causa común para emprender esfuerzos ambiciosos para combatir el cambio climático y adaptarse a sus efectos, con un mayor apoyo para ayudar a los países en desarrollo a hacerlo. Como tal, traza un nuevo curso en el esfuerzo climático global.

que gozan del sueño americano en bandeja de plata, como, por ejemplo, todos los profesionales de India quienes fueron colonia Inglesa hasta 1947 y quienes hablan inglés; algunos países de África, algunas islas de América Central, otros países de Europa donde la segunda lengua es el inglés y algunos que aprenden inglés o estudian en el extranjero antes de llegar a los Estados Unidos, los mencionados revalidan sus títulos con mayor facilidad.

Si estaríamos auto-educados y manejando el idioma inglés podríamos informarnos de todos los beneficios que el gobierno ofrece para conseguir vivienda barata, medicina, educación y muchas otros beneficios sociales. Tendríamos la oportunidad de dedicar más tiempo a la familia e impulsar su educación, incentivar su asistencia a la escuela y en un futuro cercano representar en las estadísticas un grupo económico solvente que sean parte del convivir diario norteamericano con profesionales entrenados en diferentes áreas de bienes y servicios, aunque no estemos desenvolviéndonos en las carreras para que fuimos formados. Esta disfuncionalidad ha sido común y ahora es más usual porque existe menor demanda en el mercado profesional y hay que buscar empleo en lo que nos ofrezcan, ya que tampoco podemos quedarnos vistiendo trajes elegantes sin un centavo en el bolsillo.

Los niños y las mujeres son prioridad de protección por las leyes Estadounidenses; en cambio, en Latinoamérica y específicamente en Ecuador, ocurre lo contrario con el aumento de feminicidios y la repudiable cantidad de niños abusados sexualmente en las instituciones educativas públicas y privadas, porque el sistema es vulnerable debido a que las leyes, políticas y programas de protección a la mujer, el niño y la familia es letra muerta. La educación da respuesta a la ideología de los gobiernos de turno, además poca gente accede a las universidades ya que no cuentan con infraestructura adecuada, carentes de tecnología y con escasa capacidad de situarse a la altura de otras universidades. En estos diez últimos años de gobierno en Ecuador, las universidades han venido a constituirse en botín político, al tomarse por la fuerza su dirección o acosándolas sistemáticamente para hacerlas desaparecer con la llamada categorización de las universidades y negándoles el presupuesto que por ley les corresponde.

Como idea innovadora con tinte político se han creado universidades de "élite" como Yachay que desde sus inicios han dado mucho que desear con profesores extranjeros que dan clases vía Skype cobrando onerosos sueldos en desmedro del presupuesto para otros centros educativos de prestigio. Lo más denigrante, construcción inconclusa, sin laboratorios, aulas y con sobreprecio.

Otro de los tantos errores provocados por la Ley de Educación Ecuatoriana (en la década del "correísmo"), fue quitar el inglés del pensum de estudios del bachillerato. Esto aportaba conocimientos simples pero básicos en la lectura y escritura, aunque en la pronunciación fue poco beneficiosa. En Ecuador deberíamos poner énfasis en el aprendizaje del idioma inglés, porque es el lenguaje mayormente comprendido dentro del mundo de negocios, más aún al ser la base de la tecnología científica necesaria para todo individuo desde un simple celular donde los manuales vienen con sus indicaciones en inglés, claro que nos han hecho fácil con las traducciones de manuales para el ensamblaje de equipos e innovaciones en diferentes áreas.

Una cosa que siempre ha llamado la atención de algunos profesionales (latinoamericanos) que toman cursos de especialización de un mes o seis meses en el extranjero no sé cómo rendirán y cuánto aprenderán otra lengua a no ser que sea en español o "estos individuos son genios". Personalmente considero que el aprendizaje del inglés es una opción de vida y desarrollo del inmigrante dentro de los Estados Unidos. Al comienzo un artesano inmigrante tiene que ser empírico y luego tomar cursos para obtener el permiso o licencia que proporciona seguridad a los miembros del proyecto y un acabado del producto que se rige a las exigencias de las leyes laborales como OSHA[19] sin riesgos de accidentes o peor aún, demandas donde la corrupción legal ostentado por abogados son costosos. La seguridad es prioridad porque muchas empresas corren el riesgo de desaparecer o tienen un resumen negativo en la seguridad y cumplimiento de obligaciones (licencias con malos récords), por lo que se ven obligados a trabajar con pequeños proyectos poco productivos con ganancias ínfimas. Si se hacen bien las cosas

---

19 La Administración de Seguridad y Salud Ocupacional (OSHA) es una agencia del Departamento de Trabajo de los Estados Unidos. El Congreso estableció la agencia bajo la Ley de Seguridad y Salud Ocupacional, que el presidente Richard M. Nixon promulgó el 29 de diciembre de 1970. La misión de OSHA es "asegurar condiciones de trabajo seguras y saludables para hombres y mujeres que trabajan estableciendo y haciendo cumplir las normas y proporcionando entrenamiento, alcance, educación y asistencia".

permite crecer, tener mayor productividad y evitar litigaciones que hasta pueden terminar enviándonos a prisión y desaparecer del mercado y perder las oportunidades.

Creo que el no saber inglés impide que profesionales puedan sacar sus respectivas licencias y, si deseamos hacerlo, debemos comenzar a estudiar. Esto requiere de tiempo, sacrificio e inversión que un día dará frutos. Se hace dificultoso por el desconocimiento de la lengua y si hemos tomado cursos de inglés en nuestras universidades, donde la calidad es mala porque la pronunciación es incorrecta, lo rescatable es la escritura con sus reglas gramaticales. Esta deficiencia ha hecho que ciertos individuos practiquen profesiones como medicina u odontología ilegalmente corriendo riesgos judiciales por no tener licencia, peor aún, si han hecho mala práctica médica terminarán en la cárcel. Estos peligros se corren porque la educación es costosa y difícil, porque no aprueban los cursos de inglés para seguir la carrera que requiere tiempo hasta poderse graduar y ejercer la profesión.

Comparando con profesionales de India y Europa, sus títulos son refrendados en corto tiempo lo cual hace muy fácil ejercer la profesión. Entonces, nuestros profesionales acuden a prácticas peligrosas para su persona y la familia como también para las personas que requieren sus servicios, generalmente personas indocumentadas y sin la capacidad económica para contratar los servicios de profesionales médicos (consultorios clandestinos) que ejercen con papeles falsos, establecidos por abogados (licenciados) inescrupulosos que se aprovechan del público.

Retomando el tema de licencias, si comparamos a un plomero con licencia y a otro sin licencia, el conocimiento puede ser similar pero el trabajo está sujeto a ciertas condiciones. Si el individuo es licenciado por el Estado esto garantiza el trabajo porque lo realiza supervisado por las instituciones que controlan el cumplimiento de las normas y regulaciones. Los representantes se encargan de que los contratistas cumplan con sus obligaciones de lo contrario enfrentaran a las leyes. Por eso los clientes siempre le preguntaran si tiene licencia y seguro.
La legalidad de permisos y licencias son beneficiosas para los empleados, hace que las compañías o individuos sean remunerados un salario justo, no existe abuso o explotación, también se aseguran el futuro porque están aportando o pagando los impuestos de seguro social, 401K (plan de retiro) sindicatos, etc. Además, tienen servicios médicos, educación,

etc. y, si es que las cosas están marchando bien, pueden comprar bienes raíces, planes de retiro personales como es el IRA (Individual Retirement Account, una cuenta de retiro personal), comprar acciones en compañías privadas y estatales; también pueden aplicar a becas para la educación de sus familiares o planificar e invertir para el futuro. Mayormente el ambiente de trabajo es seguro para prevenir accidentes porque cumplen las regulaciones de seguridad.

La fuerza laboral latinoamericana es crucial para el desarrollo de los Estados Unidos, incluso ha ayudado al país a salir de la crisis económica como la del año 2000, lo cual no quieren reconocer los politiqueros y racistas de los dos partidos Republicanos y Demócratas. En realidad las plazas de trabajo de los latinoamericanos sin educación superior son las que requieren menos especialización, pero esta contradicción permite el mantenimiento de las personas e instituciones de trabajo de tiempo completo, alimentados, vestidos, servidos en la boca en sus oficinas, laboratorios y empresas por estas personas menos capacitadas. Los inmigrantes son quienes van a trabajar con salario mísero, sin beneficios, con horarios incómodos, en la agricultura soportando temperaturas de hasta cien grados Fahrenheit, recogiendo naranjas y otros productos; esto no va hacer un norteamericano, trabajar como lava platos, limpieza de casas, jardinería, demolición y, si es que lo hace un estadounidense, los precios van a ser inaccesibles porque tienen que pagarles todos los beneficios legales a sus empleados.

Lo aberrante es que no persiguen a otros migrantes chinos, rusos, europeos, etc. que son los que más defraudan al fisco y rápido se aprovechan de los beneficios sociales (Welfare: Social Security, Social Assistance, Benefit, Public Assistance, y otros); además, los mismos ciudadanos extremistas de entidades públicas (policías, bomberos, empleados de la ciudad) defraudan al fisco con asistencia social, educación, seguros, etc. dando falsa información o fingiendo lesiones, demencia. Estos y otros miles de fraudes creados por el público y apoyados por abogados que interpretan la ley, cuestionan y buscan vacíos de los códigos legislativos para perjudicar al Estado, y, si es que son empleados públicos, se valen de los sindicatos (Uniones) que les protegen ciegamente, razón por la cual encarecen los servicios en las metrópolis especialmente en Nueva York.

Cuando el latinoamericano ponga interés en el trabajo, con mano de obra calificada y sobre todo la EDUCACIÓN, generando profesionales competentes, nuestros latinoamericanos fácilmente reemplazarán a la mano de obra estadounidense que pone muchas condiciones a los patrones. Además, se creen muy conocedores de las leyes, derechos, menos las obligaciones, pero nosotros, conscientes de que somos extraños a un país, tenemos que seguir adelante aceptando lo que se nos presente y también entender que nunca existe igualdad, ni el socialismo ya que son utopías; por eso dejamos esos países demagógicos de gobiernos y personas represivas como ocurre en Cuba, Ecuador, Venezuela, China, Unión Soviética y otros países.

El marxista británico Alan Woods critica a Dieterich por afirmar: *"Por haber inventado una teoría completamente nueva y original del siglo XXI. Repiten ideas pre-marxistas de los socialistas utópicos y las presenta como algo nuevo, una forma de socialismo sin lucha de clases sin necesidad de expropiar el capitalismo".* El término adquirió difusión mundial desde que fue mencionado en un discurso por el ex-presidente de Venezuela, Hugo Chávez, el 30 de enero de 2005, desde el V Foro Social Mundial. "El socialismo del siglo XXI". (Heinz Dieterich Steffan es un sociólogo y analista político que reside en México es muy conocido por sus ideologías izquierdistas; además, es autor de treinta libros a cerca de la problemática de América Latina y el mundo).

La explotación se da en diferentes niveles. Si esperamos esa falsa igualdad seguiremos en la pobreza. Tenemos que levantarnos y producir, aprovechar la juventud, olvidarnos de los beneficios sociales, como el bono en Ecuador, el welfare (U.S), esta limosna nos hace conformistas a quedarnos atrofiados sin ilusiones ni ambiciones. Debemos evitarlos para empezar a tomar decisiones con riesgos que nos lleven adelante para salir de la pobreza y del subdesarrollo. No debemos perder el tiempo, hay que estudiar, prepararnos porque cuando llegamos a los treinta años de edad, según los expertos económicos, es momento para producir y no para distracciones "Rich Dad Poor Dad By Robert T. Kiyosaki with Sharon L. Lechter[20] ". No importa que comencemos con salarios bajos, en el caso de los inmigrantes y nuevos profesionales, tal vez ganemos menos que los ciudadanos norteamericanos e individuos legales, pero no importa ya que estamos ganando experiencia y, si comparamos estos salarios con nuestros países de origen, son

---

20 Cita textual- Rich Dad Poor Dad is a 1997 book written by Robert Kiyosaki and Sharon Lechter.- https://www.amazon.com/Rich-Dad-Poor-Teach-

excelentes para comenzar. Incluso debemos ignorar las conversaciones sociales en las que somos objeto de sarcasmos, ofensas y señalados como culpables de todo problema en Estados Unidos. Sabemos que con las necesidades primordiales satisfechas, podemos tener flexibilidad económica y dar más a la familia, incluso crear negocios y enfatizar en la educación. Luego esto rendirá frutos con nuevos líderes que nos representarán y quizá tengamos representantes en los diferentes escaños políticos en la cámara baja, diputados, ministros y, por qué no, candidatos presidenciales como los republicanos en las elecciones del 2016 Ted Cruz, Marco Rubio y otros en el partido Demócrata en otros escaños.

Nada de esto es nuevo, estamos creciendo y no como en las décadas y años anteriores que eran esporádicos los líderes latinoamericanos, a veces avergonzados de su grupo latinoamericano muy despreciado y abusado. En los momentos actuales de crisis mundial por grupos terroristas árabes y el narcotráfico, ha hecho que grupos de extrema derecha (Republicanos, Independientes y Demócratas), manipulen esta información en contra de los inmigrantes con énfasis en los latinoamericanos.

"Saber es poder". La educación ha sido el arma de cambios políticos, económicos y sociales a lo largo de la historia, se ha visto cómo las revoluciones han sido protagonizadas por individuos instruidos, sin embargo, este derecho no es accesible a todos y lo debería ser, pero solamente está al alcance de grupos privilegiados. Un ejemplo que transformó la sociedad fue la Revolución Francesa donde cambió el feudalismo y monarquías para dar paso a la democracia, el poder del pueblo bajo la emergencia a una sociedad capitalista (imperialista) que creó una clase media con dos extremos pocos ricos y una mayoría pobre. Esto como consecuencia de un libre mercado de oferta y demanda con regulaciones establecidas que están muy lejos de cumplirse o aplicarse, aunque la ley prohíbe, por ejemplo, el monopolio el cual es ilegal en los Estados Unidos.

Esto lamentablemente existe y existieron por la producción a gran escala, consecuencia de la revolución industrial donde magnates tomaron control del mercado poniendo sus leyes que dificultan sobrevivir a sus competidores y pequeños negocios afines, por ejemplo: Standard oil, 1882;US Steel Company, 1901; American Telephone and Telegraph, 1907. Microsoft estuvo en problemas, como ustedes lo recordarán.

Estas injusticias hacen que aparezcan líderes como el Dr. Martin Luther King (1929-1968) quien fue uno de los más reconocidos representantes del nuevo movimiento pro derechos de los Afroamericanos. Otras tantas innovaciones que han estremecido a las sociedades tradicionales y una de las herramientas ha sido la educación. Otro personaje que sobresale es, César Chávez (1927-1993) activista defensor de los derechos de los agricultores.

Una vez que nos encontramos en el exterior debemos aprovechar del país de las oportunidades. Este imán del sueño de todo ciudadano del mundo, con excepciones de algunos falsos nacionalistas, politiqueros y revolucionarios que resienten y balbucean un anti-imperialismo, pero cuando tienen oportunidad de viajar se desenfrenan con sus carteras en los grandes centros comerciales comprando para luego ir de regreso a su folklorismo que adornan con grandes marcas como los relojes Rolex, Apple, Banana Republic, Ray-Ban, etc.

Lo más arrogante es que sus familiares siempre vacacionan y estudian en los países imperialistas en cambio el pueblo ajustadamente tiene para la canasta familiar, por eso cuando Cuba y Estados Unidos restablecieron las relaciones los cubanos se vistieron de banderas norteamericanas porque significa el progreso y las oportunidades económicas políticas y sociales. Tal vez muy pronto van a comer carne, pescado y comprar bienes, ropa, automóviles, electrodomésticos, vacaciones, etc. porque van a trabajar y tener un salario capaz de satisfacer las necesidades básicas y el excedente lo utilizarán para tener servicios. No como en los actuales momentos donde ganan entre quince y veinte y cinco dólares al mes o tienen que sembrar huertos para obtener hortalizas o hacer cola para recibir un poco de arroz y otros productos racionalizados que deben alcanzar hasta la próxima entrega de caridad socialista.

Muchos cubanos nunca se han comido un bistec por su precio, entre diez y quince dólares, por eso los ciudadanos salen huyendo de estos países en crisis. Al ver estos problemas, más las catástrofes naturales, los Estados Unidos con su Departamento de Seguridad Nacional crearon el TPS (Estatus de Protección Temporal) que brinda asistencia a ciertos países que aplican a sus regulaciones (El Salvador, Haití, Honduras, Nicaragua). Los cubanos tenían el privilegio de ser refugiados políticos el momento que pisaban tierras estadounidenses comenzaban su proceso de legalización. Esto cambió con la administración actual ya que se acabó esta situación y serán tratados como otros inmigrantes indocumentados. A lo mejor se les baje el orgullo de cubanos, argentinos, uruguayos hacia otros latinoamericanos. También las relaciones temporales entre Cuba-USA logradas por el presidente Obama van a desaparecer.

El decreto del presidente Barack Obama con DACA facilitó la oportunidad a jóvenes indocumentados que tengan un récord disciplinado, que no hayan cometido crímenes, que estén asistiendo a la escuela o desean ir, no serán deportados. Estos denominados DREAMERS[21] (soñadores) aproximadamente son un millón trescientos mil jóvenes, de los cuales lamentablemente solo se han beneficiado ochocientos mil. Estos podrán ir a la universidad y caminar libremente trabajando en sus proyectos y metas. Este avance es histórico y esperemos que se siga manteniendo esta ley porque existen detractores, extremistas y racistas que quieren eliminar estos beneficios, me refiero a los Republicanos y la prensa conservadora (Sean Hannity, Rush Limbaugh, Bill O´Reilly, Mike Savage, Mark Levin, Lou Dobbs, Laura Ingraham, entre otros), que en los momentos actuales están ganando adeptos con opiniones anti-inmigrantes contrarias al legado e historia de los Estados Unidos, un país de inmigrantes desde su inicio como nación. Las últimas leyes anti-inmigrantes del presidente Donald Trump están en contra de los latinoamericanos (Julio 2017).

Estos locutores, autores, y comentaristas conservadores defienden las políticas xenófobas de grupos extremistas en sus programas de micrófono abierto donde irrespetan, humillan y para colmo, cuando no pueden defender sus ideas con personas ilustradas que demuestran que están errados, terminan cortándoles la comunicación. Los soñadores (DACA) están en el limbo porque el presidente les quitó este beneficio y se espera que el congreso, especialmente los Demócratas, negocien para lograr su legalidad a cambio de concederle a Donald Trump el presupuesto nacional solicitado para el año 2018 y otros caprichos, como que aprueben una cantidad de dinero para construir el muro en la frontera entre México-USA. También este año 2018 el programa (TPS) terminó para Haití y Nicaragua, a Honduras se les prolongó seis meses

[21] DREAM ACT – DREAMERS - El DREAM Act (siglas de la Ley de Desarrollo, Alivio y Educación para Menores Extranjeros) fue un proyecto de ley en el Congreso que habría otorgado estatus legal a ciertos inmigrantes indocumentados que fueron traídos a los Estados Unidos cuando eran niños y fueron a la escuela aquí

hasta Julio de 2018. En cambio para los Salvadoreños se les extendió dieciocho meses desde hasta el 9 Septiembre del 2019. Esperemos que estas políticas anti-inmigrantes llenas de odio, contradicciones y racismo aunque el gobierno niega de ser racista y dice que todos son bienvenidos en sus declaraciones aunque en días anteriores mencionó que quería migrantes de Noruega. Ustedes pueden deducir las intenciones e inconsistencias.

Todas estas políticas del presidente Donald Trump hacen que su aprobación por el público sea repudiada y sólo tiene un apoyo del cuarenta por ciento aproximadamente. Muchas personas han cuestionado su capacidad mental para gobernar porque existe desorganización, caos, mala conducta, abuso de poder, un trato despectivo a los subordinados en la Casa Blanca descrita en el libro "FIRE AND FURY[22]" del escritor, columnista, ensayista y periodista Michael Wolff con colaboración del ex asesor de Donald Trump, Stephen K. Bannon.

Las contradicciones de estas políticas podemos ver en: Visas EB-5 - Mercado: Programa mundial que ofrece residencia a cambio de invertir, creado en 1990 por el presidente de Estados Unidos (George H. W. Bush) con el objeto de estimular la economía atrayendo capitales y creando trabajo. El programa piloto comenzó en 1992. Los ciudadanos asiáticos son los que se beneficiaron mayormente con un setenta y cinco por ciento de estas visas (cuarenta mil obtuvieron las visas y aportaron siete mil setecientos millones de dólares en los Estados Unidos). Las economías como las de Grecia, España, Australia, y otras varias recibieron veinte y cuatro billones de dólares y se beneficiaron cien mil personas mundialmente.

En el caso de Estados Unidos algunos requisitos son invertir quinientos mil dólares (medio millón), rescatando negocios en crisis o creando nuevos que empleen por lo menos diez personas. Los requerimientos legales para que vengan con esta Visa EB-5, luego la Residencia y Ciudadanía de la persona visada y su familia. Esta práctica se aprovechó con Barack Obama y luego Donald Trump extendió este programa donde su familia aprovechó: Nicole Kushner, hermana del hijo político de Donald Trump, Jared Kushner, estaban promocionando sus negocios durante un viaje

22 FIRE AND FURY: Inside the Trump White House – by Michael Wolff- https:// www.amazon.com/Fire-Fury-Inside-Trump-White.

oficial a Beijing (China), sus apartamentos en un rascacielos de New Jersey usando fotografías del mandatario para atraer la venta de sus propiedades obteniendo las visas EB-5.[23]

[23] Article - In a Beijing ballroom, Kushner family pushes $500,000 'investor visa' to wealthy Chinese - https://www.washingtonpost.com/world/in-a-beijing-ballroom-kushner-family-flogs-500000-investor-visa-to-wealthy-chinese/2017/05/06/cf711e53-eb49-4f9a-8dea-3cd836fcf287_story.html? utm_term=.9795f75d8f0e

# IMÁN QUE ATRAE

Aunque la gente de todo el mundo critique al Capitalismo, Imperialismo, Western Civilization o cultura occidental, y a otros países desarrollados como los Estados Unidos de América que es el lugar privilegiado para realizar sus sueños. Nadie viaja en busca de futuro económico a Rusia, Cuba, Venezuela, Ecuador, Bolivia, Nicaragua, etc., al contrario, buscan la forma de salir de esos infiernos, de gobiernos pobres y represivos. Como los ex- comunistas (antigua URSS Europa del Este) que viajan a países desarrollados de Europa (Unión Europea) donde con facilidad pueden entrar y salir. Otro caso es de personas que emigraron a Europa, especialmente de África del Norte, albaneses, griegos y latinoamericanos que han logrado establecer un status de ciudadanos y utilizan a Europa como un puente que les facilita movilizarse, logrando legalizarse; pero no se quedan ahí, sino que ahora con facilidad se mueven a la tierra de los sueños, Estados Unidos. Aunque la realidad es que es difícil lograr el sueño americano en esta época de crisis política, económica y social, pero sí se ha logrado la libertad porque en Estados Unidos hay una diversidad racial y social donde se convive en paz y con flexibilidad económica.

Este imán es la salvación del mundo, más para países sin libertad y pobreza. Los denominados socialistas, donde los gobernantes son los empresarios que administran sus naciones con represión, corrupción, narcotráfico, crimen organizado y grupos represivos guerrilleros paramilitares como en Cuba, Venezuela, Ecuador, Nicaragua, Bolivia, etc. El resto de América Latina y los países subdesarrollados, son presa de la corrupción de los gobiernos desde México a Chile, y se puede aseverar que los países del tercer mundo están llenos de iniquidad e injusticias por unos pocos que dirigen el país. Como en África, Asia, y otros países, que a pesar de estar llenos de recursos naturales, su población vive en la miseria porque son objeto de la explotación de las trasnacionales que se adueñan de sus recursos en contubernio con gobiernos inescrupulosos que solo piensan en el enriquecimiento personal, hundiendo en la miseria a millones de seres humanos. En el caso ecuatoriano, el gobierno de Rafael Correa hipotecó el país a China.

La crisis económica es global y más los fenómenos naturales como el terremoto en Ecuador, además de las guerrillas en Colombia, corrupción de la socialista Cristina Fernández en Argentina, destitución de la socialista presidenta de Brasil Dilma Rousseff, asesinato de estudiantes en México, ataques terrorista en Francia, migración árabe a Europa y Estados Unidos que se vio truncada porque los extremistas ISIS[24] y otros se infiltraron en esta migración con el fin de causar ataques terroristas en Europa y Norte América.

La inmigración ha sido un tema candente en las elecciones presidenciales de los Estados Unidos, especialmente con los republicanos Donald Trump y grupos que todavía en el siglo XXI creen en la supremacía blanca, y que están buscando excusas que señalan a los migrantes latinoamericanos como criminales, haraganes y narcotraficantes. Los demócratas son menos expresivos y agresivos, pero no olvidemos que el presidente Barack Obama (2009-2015) fue quien deportó el mayor número de inmigrantes con dos millones ochocientos mil. Además, cuando los congresistas John McCain (R) y Ted Kennedy (D) llevaron a votación la amnistía para los inmigrantes indocumentados, los demócratas con mayoría en la cámara no lo aprobaron a pesar de que la mayoría de latinoamericanos apoya a su partido.

La religión es otro factor de guerras y enfrentamientos en el mundo árabe donde tribus (Shias y Sunnis) quieren tener la razón y gobernar. Estos extremistas atacan a otros grupos religiosos incluyendo a los católicos. La riqueza y poder de estos gobernantes árabes dueños de petróleo, crearon grupos de sicarios que asesinan a los que no están de acuerdo con ellos, y a esto se agrega los intereses internacionales de acaparar las reservas petroleras para mantener la concentración de las riquezas en pocas manos. El agresivo desarrollo industrial, una competencia que crea un problema geopolítico entre las potencias que genera una crisis internacional. El apoyo económico y armas de

24 ISIS - El Estado Islámico de Iraq y el Levante (ISIL, IPA: / aɪsəl /), también conocido como el Estado Islámico de Iraq y Siria o el Estado Islámico de Iraq y al- Sham (ISIS / aɪsɪs /), Estado Islámico ( IS) y por su acrónimo en idioma árabe Daesh (en árabe: داعش dā'ish, IPA: [daːʕɪʃ es una organización terrorista jihadista
salafista y un antiguo proto-estado no reconocido que sigue una doctrina alafista fundamentalista de los sunitas Islam. El ISIL ganó prominencia mundial a principios de 2014 cuando expulsó a las fuerzas gubernamentales iraquíes de las principales ciudades en su ofensiva en el oeste de Iraq, seguido de su captura de Mosul y la masacre de Sinjar.

países desarrollados fortalecen el nacimiento y permanencia de grupos subversivos sanguinarios que quieren imponer su creencia ideológica en otros grupos, generando enfrentamientos, terrorismo, muertes, pobreza y el repudio al mundo occidental. Por esta razón ocurren los atentados a nivel mundial que terminan con las vidas de personas inocentes. Como había mencionado, en los países pobres la riqueza está concentrada en pocas manos mientras que la mayoría de la población vive en la miseria, provocando migraciones masivas en busca de un mejor futuro hacia Europa y Estados Unidos. Aquí una pequeña aclaración, que Europa no es fuerte económicamente, a esto se debe la separación de Inglaterra de la Unión Europea, más los problemas económicos de Portugal, España, Italia y otros países. También Estados Unidos está en crisis por el nuevo sentimiento nacionalista-racista encabezados por Donald Trump con sus promesas imposibles de cumplir: América Primero, Hecho en América, Hacer de América un país grande. YA LO ES, muro extraordinario, terminar con NAFTA (North American Free Tarde-tratado de libre comercio de América del Norte). Otras contradicciones flip-flap como de la hija de Donald Trump, Ivanka Trump sigue trayendo zapatos de las factorías de China donde la mano de obra es barata; el mismo presidente pidió autorización de visas para extranjeros que trabajen en su Golf Club Mar a Lago (Florida) cuando él pregona una migración selectiva. Esta política proteccionista de hacer MUROS es perjudicial e imposible porque daría la oportunidad a que China, la Unión Soviética u otros gobiernen el mundo perderíamos el liderazgo en un mundo cosmopolita donde el Internet está construyendo PUENTES.

¿Por qué esta atracción? El interés de conocer, de ver el desarrollo y sobre todo esa infraestructura de producción para crear capital efectivo (cash) que va a toda Latinoamérica y el mundo; es decir el objetivo es económico. Por ejemplo a México en el año 2015 se envió veinte y cuatro mil millones de dólares y en año 2016, dos mil quinientos millones más comparados con el trimestre anterior. ¿Qué pasaría si estos migrantes no enviarían las remesas a sus países de origen?

En el caso de Ecuador las remesas constituyen un importante rubro dentro de la economía (segundo después del petróleo). En el 2015 se enviaron un billón treinta y nueve millones de dólares en efectivo[25],

---

25 Información tomada de PEW RESEARCH CENTER – Remittance flows worldwide in 2016 - (http://www.pewglobal.org/interactives/remittance-map/).

sabiendo que el dinero llega a las familias más necesitadas. Desde que llegaron los socialistas del siglo XXI, en la figura de Alianza País en Ecuador, se consolidó un grupo de ricos burócratas. La clase media está cayendo a conformar el grupo de los pobres, porque no hay producción, las pequeñas empresas desaparecieron con las políticas de impuestos. Cuando un migrante regresa con dinero, producto de su trabajo fuera del país, puede vivir dignamente con su familia, pero los vecinos se inquietan e incluso se alborotan los pillos, le rodea la inseguridad y hasta los ladrones están al acecho.

Los que buscan cambiar la vida se encaminan en un proceso de emigración hacia los países donde pueden trabajar por un salario justo y asegurar un futuro para ellos y su familia, o por lo menos vivir dignamente, (esa fue mi situación). Otros profesionales con títulos y diplomas colgados en las paredes no tienen plazas de trabajo y la última alternativa es servir al gobierno corrupto de venta de influencias a cambio de una plaza de trabajo. Emigrar como profesional es difícil, personalmente no pude realizarme porque es como comenzar de cero y repetir los cursos de educación porque el idioma es la barrera. Las universidades latinoamericanas deberían crear profesionales que hablen otros idiomas, especialmente el idioma inglés donde existe un futuro económico. A pesar de lograr un título en Estados Unidos existe segregación y abuso con excusas, como en mi caso con mi título de Administración de Empresas, ya que donde hice el internado me ofrecieron trabajo con un salario paupérrimo y si sumamos a aquello las humillaciones (bullying-acoso) de personas con prejuicios que quieren que no tengamos un acento o presencia de emigrante, todo esto hizo que desistiera de mi trabajo.

Este inconveniente enfrentan muchos inmigrantes para ser aceptados en compañías donde la primera entrevista es devastadora para personas que no hemos nacido aquí, pero en cambio nos hemos esforzado para lograr el diploma y no podamos ejercerla, al contrario de personas sin títulos, afines al dueño, de la misma descendencia racial, o por ser mujeres ostentan estos cargos. En el peor de los casos prefieren a otros que no sean latinoamericanos o afroamericanos, o puede ser que, si es que estamos en una posición, los clientes no tenemos credibilidad y solicitan hablar con el encargado o dueño, evitando dialogar o negociar con la persona mencionada, existe una subestimación de los inmigrantes.

Muchos países tienen el privilegio de que Estados Unidos les conceda un cupo de visas, eso paso con Ecuador y otros países. Esta situación permitió a muchos profesionales conocer el "Imperialismo", mal informado por las universidades y el exmandatario ecuatoriano Rafael Correa que odia al lugar donde le hospedó y le dio educación (subvenciones de financiación). Los profesionales migrantes reconocen el error de nuestra educación que por no hablar el inglés, (indispensable para aprobar las pruebas de ingreso y especialización en los institutos educativos de los Estados Unidos); que se vuele una misión imposible por el curso que tiene que aprobar y no porque sea dificultoso sino por el pobre nivel de conocimiento del lenguaje inglés. Por esta razón los latinoamericanos tienen que hacer sus especializaciones en México, Argentina, Chile, Colombia.

Analizando el desarrollo de estas naciones concluyo que es igual en toda Latinoamérica, entonces realmente no existe mucho mérito ni crédito en realizar estas especializaciones ya que el país de origen también lo puede brindar a un costo razonable sin necesidad de derrochar dinero no justificado ya que las universidades ecuatorianas están a la par con las mexicanas, colombianas, chilenas y argentinas.

La oportunidad de viajar legalmente fue beneficiosa para algunos que pueden palpar la realidad además de poder trabajar y ahorrar. Lo que parece arrogante que socialistas del siglo XXI vayan al "imperialismo" que tanto odian y denigran e incluso acusan de ser causantes de sus crisis, pero se quedan en el país no deseado y nunca retornan, rompiendo las reglas migratorias que mucho daño hacen a personas que realmente si necesitan. Igual que el ex-presidente insulta al "imperialismo" y tomó medidas inadecuadas que solo afectan al pueblo ecuatoriano, que sí necesita de Estados Unidos con financiamiento, tecnología, educación para el desarrollo económico.

La corrupción, el crimen, la inseguridad, el narcotráfico y lavado dinero han dispuesto que el país este nuevamente en la lista negra del GAFI[26] por la inseguridad total, peor aún que alguien invierta. Más los

[26] GAFI - El Grupo de Acción Financiera (sobre el blanqueo de dinero) (GAFI), también conocido por su nombre francés, Groupe d'action financière (GAFI), es una organización intergubernamental fundada en 1989 por iniciativa del G7 para desarrollar políticas para combatir el lavado de dinero.

escándalos de Petroecuador y Odebrecht, las cuentas en paraísos fiscales perpetrados por la cúpula gobiernista.

La atracción (USA) es para todos los profesionales del mundo y es muy lamentable la fuga de intelectuales (cerebros) ya que este grupo es bien venido de acuerdo a las necesidades y plazas de trabajo en Estados Unidos. Por ejemplo en los momentos actuales hay necesidad de médicos y enfermeros, me imagino muchos profesionales habrán presentado sus solicitudes para obtener una visa. Este producto procesado (profesionales) es una lotería para los países desarrollados porque no han invertido un centavo en la educación, en cambio para los Médicos es lo mejor que le podría pasar en el caso de un profesional ecuatoriano ya que sería la oportunidad de salir de donde son menospreciados o reemplazados solo por la afiliación política del gobierno que da trabajo a médicos cubanos, desplazando a profesionales competentes por médicos empíricos, sin entrenamiento en equipos sofisticados, que operan dentro de otra realidad. Además, los rumores de que ni siquiera fueron médicos, este caso se denuncia en Venezuela.

La educación es otra necesidad de migrar con el fin de lograr este privilegio y mejor si lo es en una prestigiosa Universidad como Harvard, Columbia, y otras en Estados Unidos, la Sorbonne University en Francia, las más renombradas mundialmente donde las élites del mundo pueden costearse la educación, incluso algunos de la clase media y otros inteligentes pobres que se ganan becas. No me refiero a postgrados de un año o simplemente diplomas comprados, sino a especialidades, maestrías y PHD.

Las razones políticas son otra de las causas de la emigración, por ejemplo, si vemos los datos desde 1960 al 2014 en América Latina migraron diecinueve millones de exiliados. En la misma fecha solo en Colombia fueron cuatro millones de expatriados por la guerrilla. La mayoría de persecuciones a opositores que luchan por la libertad viene de Venezuela, Cuba, Ecuador, Nicaragua y otros.

La seguridad es una parte importante para la calidad de vida del ser humano. Nadie quiere vivir en una Colombia asechada por la guerrilla, en El Salvador controlado por las pandillas o una Venezuela dominada por el crimen y persecución por parte del dictador Nicolás Maduro que se reelige con fraude, igual en Ecuador con Alianza País que no quiere dejar el poder. Según Oscar Arias, presidente de Costa Rica, "la reelección es el cáncer de Latinoamérica". Estos dictadores controlan cada una de las actividades de los ciudadanos, sin la posibilidad de tener una libertad económica, sino vivir de las agencias de beneficio social, creadas por el gobierno. Otro caso es el de Cuba, donde se vive en periodos ya superados por otras sociedades, ellos se detuvieron al avance tecnológico, sin relación con otros países, creando una cortina que no puedan ver la libertad y progreso de otras naciones, solo dependen del gobierno socialista que les manipula con la idea de que tienen salud y educación gratis a costa de la libertad y el adoctrinamiento.

El progreso se logra buscando una oportunidad para escapar de estos infiernos entre todas las alternativas. EE UU es el destino porque saben cómo vivimos aquí, en un país desarrollado donde existe trabajo, un salario que permite vivir dignamente.

Las políticas desacertadas de odio al capitalismo, como es el caso de Cuba Venezuela, Bolivia, Ecuador, y Nicaragua han llevado a una crisis económica porque han hipotecado sus recursos a otros países como China, imperio sediento de recursos naturales y de dominio del mundo. Los gobiernos de Ecuador y Venezuela explotan el petróleo (negocian fraudulentamente), para pagar su falsa revolución e incluso son generosos con donaciones para engañar al pueblo en un falso desarrollo, donando dinero a Haití (terremoto), Cuba (viviendas); mientras al interior del país, no se ha superado la falta de vivienda después del terremoto en Manabí y los índices de pobreza cada vez va en aumento.

Estado Unidos es el imán que atrae a todos los ciudadanos de los países mencionados ya que no harían por vivir en los EE UU o Europa donde el nivel de vida es superior y no son demagogias sino que se gobierna, se administra adecuadamente el salario que recibimos, se permite vivir mejor con un estándar de vida aceptable, y que supera a las clases medias altas de estos países referidos y de muchos otros del mundo subdesarrollado.

Las remesas mueven la economía, esto no es dimensionado por los politiqueros que no entiende como se beneficia el país con estos rubros. Es hora de comenzar a trabajar con proyectos, planes de gobierno y además aceptar la ayuda internacional de países desarrollados, pues no podemos tener desarrollo sin tecnología, fruto de una buena educación, no como del odio anti-imperialista de menos horas de estudio o estudiando materias que les sirven a los políticos y no a los profesionales que tienen que bregar con la economía de la globalización y tener asesoramiento de los mal llamados "imperialistas".

Es importante crear nuestras herramientas de trabajo porque la contradicción se ve en países llamados socialistas que están utilizando el mismo sistema (capitalista) para crear impuestos y tener un mínimo desarrollo con leyes de Estados Unidos o Europa, por eso la economía seguirá dependiendo de los países industrializados y desarrollados que son el imán que atrae a políticos corruptos tanto de derecha como de izquierda que engañan en sus países y ponen sus capitales en Miami; este capital es bienvenido para alimentar su economía.

*Recorrido de la bestia (el tren de la muerte) Mil seiscientos veinte y siete millas (1,627) comienza en: 1-Tapachula 2- Córdoba, Vera, 3-Veracruz-Llave, 4-DF, 5-San Luis Potosí, SLP, 6-Saltillo, COAH, 7-Monterrey, 8-Garcia, NL, Juárez, CHIH. Los inmigrantes abordan de 10 a 15 trenes diferentes. Estos trenes cada año transportan entre cuatrocientos mil a quinientos mil inmigrantes de Centro, Sudamérica, asiáticos etc. Sin contar los otros medios ilegales que se utiliza para cruzar una vasta frontera entre México y Estados Unidos de una longitud de dos mil millas - 3,200 Km. de longitud.*

Estados Unidos entiende la política primitiva de corrupción de los políticos que se enriquecen ilícitamente, los mismos que terminado su mandato llegan a los Estados Unidos, Europa. Por ejemplo, Rafael

Correa, un socialista, vive ahora en Bélgica con guardia presidencial. Mi pregunta es: ¿por qué no se quedan en los paraísos que según ellos construyeron? Al contrario, se van a disfrutar de sus capitales en lugares seguros y desarrollados, nunca se van a Cuba o Venezuela que según ellos son los países de libertad ejemplos a seguir. ¿Por qué la atracción de estos grupos hacia los países ricos? Por la seguridad, tecnología, democracia, libertad, etc., sobre todo que el sistema judicial-legislativo no depende del gobierno como en el Ecuador (ALBA[27] -Alianza Bolivariana), donde se ha visto la prostitución de la justicia por causa de la corrupción y obediencia al ejecutivo que hacen lo que el gobierno manda y ordena. No existe independencia de poderes ya que obedecen ciegamente cuando se trata de enjuiciar, perseguir, asesinar a un opositor que lucha por la libertad. Esa es la manera como se juega con el pueblo, y todo esto crea inseguridad porque la persecución a los adversarios es legal por lo tanto el sicariato y otras formas de crimen son institucionalizados en Ecuador y algunos países de América Latina. A esto hay que agregar la legalización de los grupos narcotraficantes que controlan el crimen y originan en la economía lavado de dinero en países protegidos por el autoritarismo y nacionalismo que viven en luna de miel con grupos narco guerrilleros. La conducta de un gobierno pendenciero incapaz que se ahoga en la crisis a tal extremo de adueñarse de la seguridad social, de los dineros públicos, y hasta las reservas del banco central, el oro, etc. Esto causará otra ola migratoria sin itinerario, porque las puertas están cerradas con muros y leyes para el ingreso de Estados Unidos bajo la presidencia de Donald Trump un nacionalista que ganó las elecciones con sus consignas de campaña "Make América Great Again" (hacer América grande otra vez) o "América First" (América primero), además de la persecución a los latinoamericanos al considerarnos criminales y se refirió a mexicanos (generalización para todos los latinoamericanos).

---

27 ALBA - La Alianza Bolivariana para los Pueblos de Nuestra América - Tratado de Comercio de los Pueblos o ALBA-TCP (en ocasiones denominada extraoficialmente por su nombre inicial Alianza Bolivariana para América o ALBA) es una organización internacional de ámbito regional, fundada en 2004, formada por países de América Latina y el Caribe que pone énfasis en la lucha contra la pobreza y la exclusión social con base en doctrinas de izquierda.3
Es un proyecto de colaboración y complementación política, social y económica entre ciertos países de América y el Caribe, promovida inicialmente por Cuba y Venezuela como contrapartida del ALCA (Área de Libre Comercio de las Américas), impulsada por Estados Unidos.

# ESPAÑOL - INGLES

La ventaja de hablar dos lenguas nos abre oportunidades para servir a la diversidad latinoamericana que necesita ayuda en los diferentes establecimientos de bienes y servicios. Mientras más idiomas hablen es mejor pues se multiplica las oportunidades de empleo. En los actuales momentos en Estados Unidos y en otros países están enseñando español por la importancia económica, principalmente en los centros comerciales. En la economía global necesitamos representantes que puedan comunicarse fácilmente con el público en el leguaje predominante del país (propio), para enseñar e instruir como manipular los equipos o también personas expertos en idiomas para traducir libros de medicina, arquitectura, economía, literatura, y otros, pero más en ciencias técnicas como computación, astronomía, cibernética, etc.

En la política es necesario tener la seguridad de que el mensaje llegue a los latinoamericanos que representa del doce al quince por ciento de votantes que pueden decidir en elecciones, por eso los políticos se esfuerzan por llevar el mensaje a este grupo aunque sea demagógico tratan de negociar con los líderes comunitarios para ganar partidarios y adeptos que ayuden a ganar las contiendas electorales expresando o memorizando algunos mensajes en español. Los demócratas dieron importancia al español poniendo un bilingüe de candidato a la vice-presidencia *(Timothy Kaine).*

Respecto a la vieja consigna promovida por los principales canales televisivos latinoamericanos por sus locutores en Estados Unidos en tiempos de elecciones, de que los latinoamericanos tomamos la última decisión para poner presidentes; esta fue una mentira porque no somos una fuerza política organizada, no tenemos líderes independientes, y si es que los tuvimos fueron los dos republicanos Mark Rubio y Ted Cruz que estaban en contra de los intereses de los mismos latinoamericanos en temas de inmigración y otros.

La globalización de la economía necesita en el planeta profesionales expertos en idiomas porque tienen mayores oportunidades de trabajo ya que la población latinoamericana es la que más crece, seguida por los chinos.

El mercado latinoamericano necesita estadounidenses que hablen español para proteger y expandir el mercado, también para proteger los intereses geopolíticos amenazados por China, Rusia, India, países de la Unión Europea y algunos países Árabes que quieren aprovechar para bien de sus intereses políticos y económicos.

En América Latina encuentran el nicho perfecto porque existe seguridad y democracia con excepción de las dictaduras socialista, no es así en otros países con sus fanatismos religiosos, terrorismos, sin respeto a la moral y ética como Corea del Norte, Rusia, Venezuela, Afganistán, Siria, Libia y otros países Árabes donde entre hermanos se asesinan liderados principalmente por dos grupos religiosos antagónicos, Shias y Sunnís[28] que luchan por el poder.

Latinoamérica es la tierra prometida de los inversores y migrantes del extranjero, por ejemplo, los asiáticos en Perú que incluso llegaron a tener como presidente a Alberto Fujimori; en Ecuador los Árabes que han hecho en el país fortuna y políticamente puestos presidenciales o altos cargos como Abdalá Bucaram, Alberto Dahik, Jamil Mahuad, Jaime Nebot, Juan Eljuri (en problemas por presunto lavado de dinero y evasión de impuestos) etc. En Venezuela el vice-presidente de Nicolás Maduro es de origen árabe, Tareck el Aissami relacionado con el tráfico de drogas, y finalmente el hombre más rico del mundo, el mexicano de origen Libanés, Carlos Slim.

China con su sed de recursos naturales como el oro, agua, etc., explota indiscriminadamente el África y Latinoamérica. Los gobiernos izquierdistas han sido presa fácil para China, Rusia y países Árabes (Irán) que han entregado en bandeja de plata sus recursos como Venezuela, Bolivia, Ecuador, Nicaragua y en menor proporción otros países de la región. Las políticas de socialismo utópico del siglo XXI han hecho que estos demagogos se aíslen de Estados Unidos porque querían cumplir

---

[28] SHIA / SUNNI (SUNI/ CHIITA) - El Islam sunita y el Islam chiita son las dos principales denominaciones del Islam. Su división se remonta a un cisma tras la muerte del profeta islámico Mahoma en el año 632 d. Una disputa sobre la sucesión de Mahoma como califa de la comunidad islámica se extendió por varias partes del mundo, lo que condujo a la Batalla de Jamal y la Batalla de Siffin. La disputa se intensificó mucho después de la Batalla de Karbala, en la que Hussein ibn Ali y su familia fueron asesinados por el califa omeya Yazid I, y el clamor por venganza dividió a la comunidad islámica primitiva.

con sus ilusiones alucinantes, pagando intereses inflados al gigante asiático, pero con la caída del precio del petróleo, la falsa revolución quedó como un sueño y entonces los politiqueros regresan al eterno buen samaritano (Estados Unidos) a pedir dinero en el BID (Banco Interamericano de Desarrollo) y otros prestamistas. Aunque ellos, (Correa, Castro, Maduro, Morales, Ortega, Fernández) nunca dejaron de vestirse con las mejores marcas norteamericanas como Ray-Ban, las favoritas de Rafael Correa, en cambio el pueblo ni las conoce y solo puede acceder a los productos hechos (made in china) de baja calidad y corta duración.

La importancia de hablar español e inglés en Estados Unidos representa mayores ingresos para que los prestatarios de servicios como abogados que hablen español, da más confianza y seguridad. Sus clientes están satisfechos y saben que están negociando en su propia lengua, pueden poner sus condiciones y también saben el valor del trabajo pues no existe incógnita y decir "no entendí porque no hablo inglés". Es muy común ver casos en los que los documentos fueron en Inglés y el juez, policía, médico, o cualquier otra persona prestando servicios, también explicó en inglés y si la persona no sabe inglés no va a entender, por eso se posponen e incluso anulan los casos hasta que alguien traduzca y finalmente acepte y entienda el mensaje; otros casos son más extremos donde se abusa por no hablar la lengua donde los casos se prestan para litigar las decisiones de haber aceptado contratos, sentencias, o diagnósticos sin entender. Aquí es donde la ley puede ser interpretada y manipulada de mala fe, me refiero a que los abogados pueden tratar de revertir este caso con esta excusa.

Un profesional que no entienda a su cliente está en desventaja, la interrelación lingüística, confianza e información es cero a pesar de que puede ser un experto del área, tal vez por eso le recomendaron, lamentablemente no existe mediador (traductor) que le ayuda a explicar en el contrato qué es lo que tiene que hacer. Para ambas partes es frustrante porque siempre hay incógnitas, si es que está en inglés se tendrá que depender de la eficiencia del profesional y la habilidad para litigar con esta deficiencias o pruebas que a lo mejor estén allí pero que por la barrera del lenguaje son imposibles de recolectarles. Cabe anotar que en los actuales momentos nos podemos proporcionar ayuda con instrumentos e individuos como son los traductores (Google), o individuos que trabajan en oficinas públicas o privadas de traductores con el propósito de ayudar en las necesidades lingüísticas de la población estadounidense, pero no es lo mismo. Personalmente, a pesar de haber cursado la universidad y vivir veinte y ocho años en Estados Unidos, prefiero mi información en español.

El otro caso es que por no entender la lengua tiene que abandonar su trabajo temporalmente hasta traer el intérprete, o simplemente perder el trabajo por la inseguridad que demuestra al patrono de que si va a seguir los requerimientos ya que este quiere un buen servicio a cambio del salario. Las oportunidades son menores para el que no entiende el inglés, por eso recomiendo aprovechar y buscar centros que nos enseñen la lengua, utilizar los medios de comunicación introducirnos en otra cultura, en su música, noticias, leyendo periódicos y más medios escritos y visuales.

Muchos latinoamericanos esperamos que estos cambios se den mediante la educación gratuita que nos ofrecen los sistemas de algunos estados. Solamente tenemos que aprovechar de estos programas como, por ejemplo, los centros de enseñanza de inglés en iglesias, librerías, escuelas, universidades y otros lugares. Aquí no le preguntan su estatus legal, son centros de ayuda propiamente para los inmigrantes, con horarios flexibles; además, las bibliotecas tienen videos, libros, para que puedan utilizarlos bien sea en casa o en sus locales de enseñanza, simplemente con una tarjeta obtenida con una prueba de dirección. También las escuelas y universidades ofrecen cursos diversos de escritura, lectura, pronunciación, vocalización de acuerdo a las necesidades, algunos tienen costo con precios accesibles, lo que hace falta es el interés y entender que la educación es una arma para el progreso. Además, ser parte importante del modus vivendi es conocer lo que pasa y participar del diario vivir diverso y maravilloso en varias partes del planeta.

Por otro lado, es importante mantener la lengua madre, la cultura, costumbres y tradiciones. El castellano está en peligro de perderse porque las nuevas generaciones nacidas en los Estados Unidos solo hablan inglés. Si es que no existe una cultura de conservación hacia las tradiciones y costumbres son fácilmente absorbidas por la cultura anglosajona u otro país donde emigramos. Como anécdota de mis experiencias, cuando tengo clientes de fisonomía latinoamericana les hablo en español pero ellos no lo hacen e incluso en una ocasión un cliente dio quejas al encargado de mi negocio porque él me pidió que le tomara una fotografía con su familia y mi respuesta fue "¿por qué no me hablas español?, eso le molestó, se sintió ofendido y me parece que tenía un complejo de su nacionalidad de origen. Esta conducta es general en los jóvenes que se avergüenza de su origen y no desean hablar español. Tal vez se comenzaría desde la familia a enseñarles, incentivarles la necesidad de su idioma del país y ser orgulloso de nuestras raíces y un ejemplo de aquello está signado en la canción: "A mi lindo Ecuador" con las palabras "Donde quiera que yo esté, ecuatoriano soy".

El castellano o español comprensible ha desaparecido, lo que sí se ha incrementado es el spanglish[29] especialmente entre los jóvenes, también estos tienden a expresarse como el dialecto de los morenos (afroamericanos) y, finalmente, con el bombardeo de dialectos latinoamericanos, el dialecto mexicano es el que predomina. La solución es tratar de hablar un castellano entendible para la gran mayoría de latinoamericanos.

La importancia de ser bilingües crea fuentes de trabajo en las dos plazas. Me refiero a que, si alguien regresa a su país de origen y esta educado ya tiene dos títulos en cada país, puede revalidar, refrendar y ejercer la profesión. En el otro caso, solo tiene que ir a la escuela y aprender inglés hasta ser aceptado para luego tratar de acreditar o reconocer sus materias aprobadas en las universidades latinoamericanas que en realidad es dificultoso (no imposible). A veces la dificultad de aprobar los cursos de inglés, hacen que deserten los aspirantes universitarios con deseos de estudiar o acreditar las carreras. Mucha gente lo logra con sacrificio y dedicación.

Un profesional que tiene su título puede ejercer su profesión en cualquier país de lengua latina porque existe demanda de personas que dominen el inglés sea para enseñanza esta materia en colegios y universidades, o dentro del área turística. He constatado que hijos de amigos que han retornado a Ecuador educados en Estados Unidos con conocimiento del idioma inglés, están asesorando en hoteles, otros son guías turísticos, profesores, técnicos de computación, también trabajan para las transnacionales como Apple, Microsoft, etc. El área hotelera necesita profesionales que hablen inglés para asesorar a los turistas que arriban

---

29 SPANGLISH: Variedad lingüística en la que se mezclan elementos (especialmente, léxicos y morfológicos) de las lenguas española e inglesa, que hablan algunos hispanos de los Estados Unidos de América.

al Ecuador buscando hospedaje, itinerarios, bienes y raíces, lugares turísticos y otras necesidades que tienen los visitantes que proveen excelentes remuneraciones más propinas, es decir, un buen salario, con la ayuda de sus conocimientos y utilizando la tecnología (internet, GPS, computación).

La propina en los Estados Unidos es considerada un salario, contrario a Europa donde la propina es baja. Muchas familias viven de este rubro porque los patronos pagan poco. Haciendo un estimado de la propina adquirida que generalmente es del quince al veinte por ciento del valor consumido antes del impuesto (tax). El tip (la propina) existe en los hoteles y lugares turísticos de Latinoamérica, pero no es obligatoria, es opcional y generalmente los norteamericanos son los que más propinas dan por los servicios recibidos debido a la costumbre de su país.

Conocer el inglés ayuda en áreas legales donde no tiene que pagar a personas inescrupulosas por una solicitud, por darle leyendo una carta, acompañarlos a ver el juez, o simplemente entender una simple factura de luz, teléfono o multas. Peor si se van a una corte donde algunos simulan no saber ni decir "ok", pero cuando vienen a Latinoamérica todo es "¡oh! y ok", son "gringos completos". Por culpa de estos individuos a veces somos tratados mal, abusados y explotados. El abuso comienza con los policías y otros quienes le acusan de una violación de la ley o un crimen y el abuso termina en los jueces e intérpretes porque no hay respeto por ellos mismos y hasta la forma de vestir, de no ir preparado lo que va a argumentar y defenderse, ni provistos de pruebas de su inocencia, o con documentos originales. Especialmente siendo culpables causan un escenario de subdesarrollo e ignorancia, resultando vergonzoso como latinoamericano ver estas escenas.

Comparables a la de nuestros países, únicamente sin soborno porque aquí no funciona la coima, quieren arreglar todo con el dinero entonces los servidores públicos, abogados, médicos, arquitectos, policías y cualquier entidad pública se aprovechan de esta forma de transar que viene a ser el comportamiento generalizado. Pero poco a poco vamos saliendo de esta mala costumbre y negándonos a ser presas de la corrupción. Como un caso anecdótico, puedo mencionar, que fui presa del abuso de un juez ecuatoriano que me ponía una tarifa diferente porque vivía en los Estados Unidos, pero gracias a mi formación y conocimiento hice respetar mis derechos con esta simple respuesta de que "gastaba y ganaba en dólares, además pagaba renta, vehículo, educación y vivía dignamente igual que en Ecuador, con los mismos gastos y necesidades que él tenía."

Los medios informativos en inglés como la televisión y la radio son una fuente de educación gratuita especialmente con las noticias donde podemos saber de política, economía y acontecimientos sociales, también programas de interés personal como los deportes u otra área favorita hace que la persona se esfuerce en entender el inglés con ayuda de diccionarios, traductores digitales, libros electrónicos, computadoras. Esta singular forma de información nos posibilita quedarnos con lo positivo y desechar lo vulgar que no contribuye en nada a nuestra formación e información.

En los Estados Unidos hay una invasión de canales de televisión mexicanos con programas como las novelas llenos de violencia y sobre todo influencia en la lengua castellana, imponiendo su dialecto en el oyente que inconscientemente termina comunicándose como si fuera de México. Me he llevado sorpresas con individuos que parecen mexicanos por su forma de expresarse, claro, no generalizo que todos los programas de la televisión mexicana son de bajo nivel o poco educativos ya que obviamente tiene programas interesantes, más bien me refiero a programas como El Chapo, La Reina del Sur, La Piloto, telenovelas, etc. Tampoco soy partidario de la música como los narco corridos que incitan a la violencia y glorifican a criminales y narcotraficantes. En todo caso las opciones son muchas y sobre todo educativas para escoger incluso canales de nuestros países con una simple llamada a las empresas que proveen el servicio, pero yo les recomiendo mirar sus programas favoritos en inglés.

## ¿QUÉ ES EL ESL?

Las siglas ESL significan, inglés como segunda lengua. Este programa usualmente está dividido en tres niveles o de acuerdo a la institución pública o privada que provea este curso que puede ser gratis o pagado. Generalmente son auspiciadas por iglesias, escuelas u otras empresas. Además, existen institutos pagados que cuentan con licencias para este propósito como universidades y otras entidades, aunque también existen centros fraudulentos que no priorizan la educación sino el negocio. Esto está a criterio personal en elegir la institución. Estos centros son para individuos de todo el mundo, de diferentes nacionalidades donde se puede intercambiar ideas, además conocer personas exitosas con un nivel básico de educación en la lectura y el conocimiento básico de matemáticas (suma, resta multiplicación y división). Estos centros son el lugar de inicio para refrescar la memoria estudiantil, también puede ser el inicio de un futuro si continuas la educación poniéndote retos para dar pequeños pasos como sacar títulos de plomero, electricista, vendedor de bienes raíces, notario, o cualquier licencia y certificado que requieren un curso y el respectivo examen de la ciudad o Estado. Estos exámenes son posibles gracias a la enseñanza recibida en los programas de ESL, GED. Otros individuos no se quedan ahí, sino que se proyectan a la educación superior donde es un reto ingresar, recopilar y pasar las pruebas en otro lenguaje que no sea el nativo, en este caso el inglés, pero no es imposible si persistimos en el idioma. El bachillerato o GED es un requisito para ir a la universidad y obtener ciertos trabajos de servicio público como policía, bombero, paramédico, etc.

Al inicio del empírico proceso de aprendizaje (oído, vocalización, memorización y expresiones corporales), tenemos que familiarizarnos con nombres y expresiones más comunes del sitio en donde trabajamos. Aquí vagamente se hace la descripción del trabajo y sobre todo hacer lo que le digan hasta entender cómo funcionan los negocios, mientras tanto podemos recurrir a computadoras, libros electrónicos, traductores digitales, celulares, bibliotecas, etc. Ventajosamente hay muchas fuentes de información y aparatos electrónicos que nos pueden ayudar con la comunicación, pronunciación, escritura y traducción, nombres de las herramientas utilizadas en las diferentes profesiones para posteriormente aplicarlos en los lugares de trabajo (simples) que todavía existen sin un mayor entrenamiento como por ejemplo, lava platos, lava carros, jardinero, construcción, ayudante de cualquier profesión, agricultura. Con el tiempo va a aprender del negocio añadiéndole primero palabras, luego oraciones hasta que en un periodo aceptable pueda ya comunicarse en la lengua inglesa. Esto le será más fácil si acude a un centro de enseñanza ESL, con la asistencia del profesor pueden satisfacer sus inquietudes e incluso informarse o auto educarse. Ahorrar para emprender su propio negocio, acumular bienes y capital ya que esto nos llevara a vivir con comodidad lo cual es el objetivo de todo ciudadano. El conocimiento y entendimiento de la lengua nos brinda oportunidades de planificar y emprender negocios utilizando créditos de instituciones financieras específicamente dirigidas al objetivo ya que puede ocurrir lo contrario como es traer deudas por no saber administrar el dinero correctamente. Lamentablemente esto es muy común en nuestro grupo latinoamericano porque nos quedamos a medias y no profundizamos, no planificamos, no hacemos un presupuesto, no leemos para entender lo que viene en letras pequeñas, o peor sería si firmamos sin entender lo que está en el documento o contrato.

Los programas de inglés como segunda lengua están al alcance por diferentes medios como institutos, universidades, hasta programas en el internet para personas que quieran aprender a leer, escribir, pronunciar, conversaciones, enseñar inglés, prepararse para exámenes de ingresos o tener fluidez en el lenguaje del país de residencia, ya sea en Estados Unidos, Canadá o fuera de estos.

El Welfare con sus innumerables programas de ayuda social es para los ciudadanos más necesitados de Estados Unidos. Este sistema a veces crea una clase conformista, un bono que satisface las necesidades mínimas y estas migajas le hunden más al pobre. Lo que debemos aprovechar son las becas para estudiar; también el financiamiento de la educación por parte del gobierno a personas de escasos recursos o que aplican a las mismas. Esta ayuda es accesible de acuerdo a los ingresos económicos de la familia o del individuo, con esta información la ayuda puede ser parcial o total. Siempre existen ayuda para los estudiantes con buenas calificaciones también para quienes tienen aptitudes en los deportes, las universidades, instituciones, bancos, corporaciones buscan a estos estudiantes para ofrecerles becas deportivas. El otro caso es nosotros buscar a instituciones públicas o privadas que auspicien la educación, como por ejemplo la cadena de restaurantes McDonald's, AT&T, el ejército y sus ramas (mar, aire, tierra) y otros. Por todas las razones anotadas en líneas anteriores, debemos enfatizar que el dominio del inglés es un requisito internacional porque todos los manuales, equipos, maquinaria es decir la ciencia y la tecnología tienen información en esta lengua, entonces es una necesidad para el desarrollo individual de Latinoamérica y del mundo.

A los que estamos en apuros por aprender inglés porque tenemos que trabajar y mantener a nuestras familias, acudimos a centros de aprendizaje diseñados para personas con un común interés de aprender algo básico donde la gente puede socializarse, y por qué no, hasta buscar compañía. Las ventajas son muchas porque aquí hay posibilidades de encontrar trabajo mediante los compañeros de clase o se puede mejorar con alguna información, podemos encontrar productos baratos o donde están regalando alimentos o ropa, en fin, una serie de necesidades que tenemos los seres humanos y podemos ser ayudados con el simple interés de aprender el lenguaje. Además educarnos y prepararnos para asimilar e integrarnos a la nueva cultura porque estamos inmersos en ella. Esto nos hace ser parte del convivir de la nueva patria.

El sueño de todo inmigrante es lograr un estatus legal y saber inglés acudiendo a centros de enseñanza que incluso puede ayudar a solucionar otras necesidades, como problemas legales. Alguien ha vivido esa experiencia y tienen soluciones con abogados e instituciones de ayuda, que lo desconocemos que pueden dar asesoramiento gratuito. También en un corto tiempo asistiendo a la escuela podemos utilizar nuestro básico conocimiento en inglés para buscar e informarnos navegando el internet, leer los periódicos y otros medios escritos para el público. En estos centros de estudio también enseñan conocimientos básicos de computación como son los programas de Windows, PowerPoint, Excel, etc., conocimientos básicos que pueden ser desarrollados o aprender con la práctica diaria, si es que logramos comprar una computadora o nos damos tiempo para ir a la biblioteca que es gratis donde simplemente requieren un carnet para poder pedir libros, videos y acceso a computadoras. Otra opción es ir a los negocios de internet (cafés) donde cobran pequeñas cuotas por el uso de la PC (computadora). Algunos de estos centros tienen ayuda familiar como cuidado de niños mientras los padres están trabajando; o enseñanza con precios accesibles o gratis en iglesias y escuelas. En las escuelas públicas tienen programas de campamento o clases después de horario escolar (after school program), en época de vacaciones para los niños de padres latinoamericanos que lamentablemente no tienen mucho tiempo ni dinero para sus hijos. Estos programas mantienen a los niños ocupados, aprendiendo las asignaturas con las cuales tienen dificultad en la escuela.

Finalmente, algo muy usual por parte de individuos que se comunican perfectamente en inglés y que son capaces de entablar fluidas conversaciones con los maestros es que no saben leer ni escribir y se ven obligados a asistir a estos centros por las posiciones ascendidas en sus trabajos o la necesidad y retos que la sociedad les presenta.

# ¿QUÉ ES EL GED?

El GED (General Educational Development) es equivalente al bachillerato en los países latinoamericanos, es decir, el estudiante está listo para ir a la universidad pero en los Estados Unidos hay que demostrar que somos bachilleres en el país de origen y para eso hay que pasar una prueba muy simple en conocimiento general en matemáticas, historia, geografía, gramática, cívica, geometría, etc.). En este proceso es necesario acudir a un centro que esté preparando a personas para obtener el diploma GED sea en escuelas, iglesias, universidades, etc., estos centros se encargan de refrescar los conocimientos, de hacer la cita cuando los estudiantes están listos para dar la prueba estatal. Los cursos son dictados en español o inglés, pero mi recomendación es de tomarlo en inglés para que sea más provechosa ya que estamos viviendo en un país de predominante lengua inglesa, aunque no oficial, y más todavía si estamos pensando asistir a la universidad.

Esto le hará fácil los primeros ciclos donde tienen que aprobar el idioma. Cuando los estudiantes aplican a las universidades toman un examen pre-universitario, entre las asignaturas está el inglés y aquí es donde no aprobamos y comienza la depresión, la deserción de los estudiantes; aunque para los persistentes, el dinero se agota porque la carrera se hace más larga o las becas de financiamiento o préstamos se terminan por no poder aprobar los cursos de la lengua inglesa.

El GED es un requisito para poder conseguir algunos trabajos, pero también es importante porque nos permite conocer nuevas técnicas didácticas y pedagógicas especialmente en matemáticas y refrescar los conocimientos. Por lo tanto, se nos hará fácil leer periódicos, libros, documentos, manuales, o hacer cálculos y más que todo mejorar el entendimiento, que es importante para el conocimiento. La deserción escolar es común en nuestra comunidad latinoamericana debido a muchos factores económicos y sociales. El dinero no alcanza para mantener a la familia, viéndose los jóvenes obligados a trabajar para ayudarlos o para subsistir individualmente. Otro problema es el embarazo prematuro de las adolescentes, a esto se agrega que no se le da importancia a la educación. La única motivación es el salario que le permite consumir del mercado agresivo de las grandes compañías, así que abandonan las escuelas por eso pocos se gradúan de bachilleres, la mayoría se retira y un minúsculo porcentaje va a las universidades.

Otras causas de abandono escolar son las drogas que se consiguen fácilmente, junto a la moda, luego los vehículos transformados en discotecas andantes que violan las leyes con su música a todo volumen, o los fines de semana en bares y discotecas donde se gastan más de lo que ganan y le dan importancia al baile y otras diversiones menos a la educación.

El latinoamericano fácilmente se deja absorber por una sociedad de consumo, con esta conducta somos uno de los grupos que más ayuda pide al gobierno, constituyéndose una carga para el estado y el consecuente hacinamiento en cuartos superpoblados, apartamentos divididos, edificios llenos rompiendo la capacidad que la ley estipula, calles llenas y superpobladas donde no se puede caminar en horas en que los estudiantes entran y salen de las escuelas por sus padres que se dedican a socializar porque el gobierno les paga por esta ociosidad (Welfare - ayuda social) que los mantiene en la pobreza con temor de buscar trabajo.

Los cursos de bachillerato también están en el internet y se los puede tomar en línea sólo que hay que tener cuidado de que sean acreditados por el departamento de educación para así no tener problemas cuando apliquemos a las universidades, policía, departamento de bomberos u otras entidades.

# EL FINANCIAMIENTO EDUCATIVO

Los Estados Unidos ponen mucho énfasis en la educación, por lo tanto, tiene programas de ayuda para los grupos de escasos recursos y también incentiva a los estudiantes que tienen buenas calificaciones, a estudiantes que sobresalen en deporte, u otros que tienen ciertas discapacidades. Vamos a ir a simples programas que podemos aprovechar como ya mencionamos como el ESL, el GED, además de estos tenemos cursos gratis de plomería, carpintería, mecánica, electricidad, etc. Muchos de estos programas son desconocidos porque no nos informamos, además de esto existe lugares donde regalan ropa, alimentos en instituciones públicas y privadas.

Para lograr ayuda en los diferentes niveles educativos tenemos que informarnos, por ejemplo: si su hijo está próximo a salir del colegio tiene que averiguar cómo puede el gobierno ayudarle con los gastos o pedir un crédito a intereses bajos en los bancos. Hay que buscar estos beneficios puesto que la mayoría de grupos sociales como rusos y chinos se benefician de estos proyectos y los menos aventajados somos los latinoamericanos. Lo peor es que sin ser beneficiarios nos culpan de aprovecharnos del sistema y ser causantes de la crisis. Al contrario, quienes pagan impuestos son los pequeños negocios e individuos comunes y corrientes inmigrantes, en cambio los negocios medianos, grandes y corporaciones son los que pagan un mínimo o nada porque se aprovechan de vacíos legales o tienen trabajando personas indocumentadas para no pagar los impuestos, con una declaración ínfima califican para la ayuda que supuestamente es para los pobres y no para la clase media. Se conoce que el billonario Donald Trump no ha pagado impuestos bajo el pretexto de que está litigando con el IRS (Internal Revenue Service), estas son las injusticias de la sociedad. Al contrario, tomó ventajas de los programas de ayuda para los pobres y clase media en tiempos de crisis de los bienes raíces.

Hago un llamado a los latinoamericanos a usar esos beneficios que nos pertenecen en bien de la educación y también a aquellos conocedores del proceso burocrático que ayuden a motivar a nuestros jóvenes para crear un grupo competente e ilustrado que tome ventaja de las formas de progresar y usar los programas vigentes porque pagamos impuestos en mayor proporción. Los servicios sociales denominados WELFARE

(Asistencia Pública) son desconocidos por muchos inmigrantes que tienen residencia (tarjeta verde) y los ciudadanos. Estos programas son pagados con nuestros impuestos y debemos aprovecharlos, cumpliendo con los requisitos que piden y así podremos tener un poco de dinero en el bolsillo para ayudar a la familia a salir adelante para que no solamente se esclavicen del trabajo sino que sigamos escalando en todas las áreas socioeconómicas y políticas. La ayuda también está presente para los indocumentados en menor proporción porque una gran mayoría paga impuestos siendo el ejército silencioso del desarrollo económico.

Otra de las oportunidades que nos brinda el sistema es acceder a los planes de vivienda donde pagan más o menos una cuarta parte del precio de la renta normal. Debemos utilizar esta ayuda para preparar a la juventud que es el futuro pujante con expectativas cualitativas-cuantitativas para los latinoamericanos y para esta gran nación. Si es necesario acudir a la ayuda alimenticia, médica y otras existentes.

Parte de la dignidad humana del inmigrante es no transformarse en parásitos, a no vivir en espera de la ayuda del gobierno ya que esto crea un individuo conformista, sin sueños, metas, ni aspiraciones como en los países socialistas que no conocen el mundo exterior porque les inyectaron sus ideologías utópicas bajo un adoctrinamiento. Debemos usar la estrategia de otros inmigrantes chinos, europeos y árabes que se toman ventaja de los beneficios del estado invirtiendo en la educación de sus hijos. Muchos latinoamericanos desconocen estas ventajas, generando una marcada diferencia pues mientras los unos progresan y compiten con los propios norteamericanos y se ganan el respeto, nosotros los latinoamericanos seguiremos explotados y cumpliendo los roles más inferiores siendo rechazados por los que tuvieron la oportunidad de beneficiarse con los programas sociales del estado. La política está llena de programas de ayuda social por esta razón los candidatos ganan elecciones con sus campañas populistas que al final empobrecen al país y todos están dependiendo de esta ayuda, ese es el caso de los países utópicamente socialistas. Aquí en los Estados Unidos los demócratas tienen una tendencia parecida pero se respeta la propiedad privada y libertad.

Los programas de vivienda son muy importantes pues teniendo techo podemos ayudar a los jóvenes a tener un entorno cómodo que puedan dedicarse a estudiar sin interrupciones mientras que sus padres pueden seguir trabajando aunque sea con salarios bajos o pequeños ingresos, pero han sabido tomar ventaja de las oportunidades que el sistema tiene para sus hijos como ciudadanos norteamericanos y residentes. Además, tienen tiempo para interactuar con los profesores, supervisores para un control y seguimiento del aprovechamiento de los hijos o recurrir por ayuda en caso de que tengan dificultades y romper el círculo vicioso de que las niñas y jóvenes tengan que abandonar la escuela por bajo rendimiento y lo peor es, que muy jóvenes se embarazan, forman familias a temprana edad creando pobreza con todos los problemas que agobian a la comunidad que tiene que mantenerse haciendo los trabajos menos apetecibles con salarios de miseria (circulo vicioso).

En las escuelas los estudiantes con buenas calificaciones o aptitudes deportivas son incentivados con becas para estudiar en prestigiosas escuelas del país. Es importante que los estudiantes conozcan estos programas y trabajen duro para conseguirlas. Otra forma de lograr educación auspiciada por compañías que dedican sus esfuerzos a las minorías, una de ellas es McDonald's que brinda becas que no son completas pero que son una ayuda para que las clases de escasos recursos puedan hacer algo que no está al alcance en el presupuesto de los pobres recién llegados al nuevo país.

*La ayuda y oportunidades son muchas, solo hay que buscarlas. Por ejemplo, el ejército estadounidense y sus diferentes ramas dan educación gratuita a cambio del servicio militar.*

Muchos latinoamericanos se inscriben en estos programas y luego de su servicio salen profesionales certificados de buen nivel, muy apetecidos en el mercado productivo, otros tantos deciden quedarse en el ejército. Al igual que en otras áreas, en esta no tenemos militares de alto rango que nos representen pues son pocos quienes se encuentran en misiones internacionales donde corren riesgo sus vidas porque no se han especializado en áreas administrativas, inteligencia, ingeniería, etc. Igual escenario que en los civiles nos faltan más profesionales con carreras terminadas con especialidades y PhD[30] .

Finalmente se puede resaltar algunas opciones de ayuda para pagar tu universidad, entre ellas:

- Becas (Grants- fondo no reembolsable) son auspiciadas por el gobierno y organizaciones privadas para estudiantes elegibles de acuerdo a las finanzas familiares.

- Becas (Scholarships - fondo no reembolsable) estas son auspiciadas por el gobierno a compañías privadas para estudiantes elegibles cuyo nivel académico este a la altura de los requerimientos.

- Préstamos estudiantiles (student loans) es un tipo de préstamo diseñado para ayudar a los estudiantes a pagar la educación post-secundaria y las tarifas asociadas, tales como matrícula, libros y suministros, y gastos de manutención. Puede diferir de otros tipos de préstamos en el hecho de que la tasa de interés puede ser sustancialmente más baja y el calendario de amortización puede diferirse mientras el estudiante todavía está en la escuela.

30 PhD – Doctorado en filosofía es el título académico más alto otorgado por las universidades en la mayoría de los países. Los doctores se otorgan para programas en toda la amplitud de los campos académicos.

# WELFARE (Asistencia Social Pública)

Se basa en los principios de igualdad de oportunidades y justa distribución de la riqueza. Este programa fue creado entre los años 1932-1935 en los Estados Unidos y la ayuda puede ser diferente en cada estado, pero básicamente se enfoca en salud, educación, vivienda, alimentación, transporte, dinero en efectivo, ayuda por abusos y otras necesidades. Esta forma de redistribución de ingresos, fruto de los impuestos de una economía mixta de libre mercado de donde algunos progresistas obtienen grandes ganancias que se reflejan en sus impuestos, lamentablemente los que pagan más impuestos son la clase media. Parte de este capital es utilizado por el Estado para reducir la brecha económica entre pobres y ricos.

El millonario Warren Buffett desenmascaró la injusticia al confirmar que él pagaba una ínfima cantidad de impuestos y que otros individuos comunes pagaban más, lo cual demuestra que el sistema está mal diseñado y que los ricos, corporaciones, etc. se aprovechan interpretando la ley a su conveniencia. Se está afirmando que la clase media lleva la carga, por esta razón existe el encarecimiento para subsistir con todos los impuestos que hay que pagar para tener lo básico, por eso esta clase va en descenso a formar parte de los pobres.

Los programas de ayudas en New York, además de las mencionadas a nivel nacional, incluyen entrenamiento para conseguir trabajo, al mismo tiempo proveen cuidado para los niños y transporte, lamentablemente ha sido mal administrado por los políticos de turno con el afán de ganar elecciones y mantenerse en sus cargos donde personas inescrupulosas se aprovechan de estos programas diseñados para los pobres. Así por ejemplo la ayuda de desempleo tenía un límite de seis meses y ahora este beneficio es por un año, entregado a personas saludables que simplemente no mueven un dedo por buscar empleo. Otro caso que es inadmisible es que personas que han obtenido ayuda de vivienda estén sub-rentando las mismas y de igual manera ocurre con los otros beneficios sociales que deben ser informados por el público y autoridades a denunciar las irregularidades que perjudican a los dignos ciudadanos que trabajamos y pagamos impuestos altos por culpa de estos parásitos que se aprovechan del sistema.

Las oficinas de ayuda pública están en la obligación de investigar estos fraudes y castigarlos. También hay que tener mucho cuidado en el proceso de aplicaciones, hacerlas con profesionalismo para no ser cómplices por sus ineficiencias pues no es posible que Nueva York sea el estado más caro de la nación por culpa de la corrupción de estos departamentos (oficinas).

A causa de esto los ciudadanos honestos tienen que dejar el estado y buscar lugares baratos, obligándose a dejar sus familias, bienes, trabajos, etc. Generalmente los neoyorquinos se van a North Carolina, New Jersey, Pensilvania, Florida, etc.

En el siguiente cuadro se ilustra la distribución de la ayuda social y a qué grupos demográficos beneficia a nivel nacional:

| ETNIAS | PORCENTAJE | MILLONES |
|---|---|---|
| Blanco | 16.8% | 11,405,000 |
| Asian o Islas del Pacifico | 18.0% | 12,220,000 |
| Hispano | 21.2% | 14,392,000 |
| Afroamericano | 39.6% | 26,884,000 |
| Otros Grupos | 4.4% | 2,987,000 |

Fuente: (US Department of Health and Human service; U.S Department of Commerce, Cato Institute September 2, 2017).

- También se ha comprobado que una persona puede ganar $1.000.00 mensuales; además buscarse otras formas de asistencia social.
- En 39 estados se paga en ayuda al equivalente de $8.00 la hora en asistencia social.
- En 6 estados paga $12.00 la hora en asistencia social.
- En 8 estados se paga más que el salario que regularmente (promedio) gana un profesor.

Por último, en los Estados Unidos están recibiendo ayuda unos sesenta y siete millones ochocientos noventa y un millón de personas, esto no Incluye los setenta millones quinientos mil de Medicaid.

Sean Hannity: "Él (Barack Obama) es el presidente de Food Stamps. Mire los números, hablan por sí mismos". El presentador de Fox News, Sean Hannity, apuntó al aumento en el uso de cupones de alimentos para etiquetar a Obama como el "presidente de cupones de alimentos", y dijo: "Él es el presidente de estampillas para alimentos. Mire los números, hablan por sí mismos: de treinta y dos millones a cuarenta y seis millones, un incremento de catorce millones. Las políticas de Obama han provocado que muchas más personas reciban cupones de alimentos. ¿Cuál es el problema?[31] ".

Todas estas políticas de ayuda hacen que las personas dependan de la mediocridad en vez de dedicarse a buscar trabajo pues se dedican a mendigar y pasar golpeando las puertas de estas oficinas perdiendo el tiempo. Este comportamiento altera la felicidad de las familias, por ejemplo, ¿cómo es posible que cuatro millones novecientos mil niños estén al cuidado de abuelos? Muchos de ellos latinos. La razón es que sus padres están trabajando, presos, adictos a las drogas o muertos. Aquí se refleja otra vez la irresponsabilidad, la falta de planificación y educación que hace que estos adultos no disfruten la vejez y jubilación, al contrario, son dos millones setecientos abuelos que viven bajo el nivel de la pobreza y con responsabilidades y al cuidado de sus nietos en los Estados Unidos.

En mi casa vive una familia que depende de la ayuda social. Les pedí hace un año que se fueran porque necesito ese cuarto que renté a una pareja, pero estos individuos están esperando por su vivienda que el estado les va a dar. En mi opinión personal, creo que por eso tuvieron dos hijos para vivir del gobierno pues la esposa llegó por matrimonio hace ocho años aproximadamente y para el colmo, reciben toda asistencia social. El esposo trabaja unas pocas horas intencionalmente para cumplir con el requerimiento que piden estas oficinas, me refiero a ser una persona con bajos ingresos que necesita "ayuda". La mujer

---

[31] Quote: Sean Hannity -[Fox News, Hannity, 1/18/12, a través de Media Matters] - https://www.mediamatters.org/research/2012/01/19/fox-gets-the-message-calls-obama-the-food-stamp/186357

trabajó dos años y ahora deambula por las calles y oficinas de ayuda. Éstas son las injusticias que con la ayuda de oficinas irresponsables, cómplices, derrochan el dinero ajeno porque me imagino que existirán muchos que si han pagado impuestos e incluso fueron a pelear (ejército) por Norteamérica y que viven de mendigos porque estas oficinas les niegan los beneficios. En cambio mis inquilinos reciben asistencia social hasta por la discapacidad de un hijo. Mis denuncias son con pruebas pues esta misma familia tiene una hermana sin identificación legal, "Jane Doe", con un hijo que llegó el mes de julio (2017) proveniente de Latinoamérica y desde agosto del mismo año recibe los beneficios de Medicaid, Medicaré, teniendo otras aplicaciones pendientes como SNAP (Programa de Asistencia de Nutrición Suplemental). Estos son los culpables e irresponsables que defraudan al sistema con hijos que creen que la ciudad y el Estado tienen la obligación de mantenerlos, por eso no existe un control de natalidad peor una planificación. Tal vez se deba implementar una ley para personas que reciben ayuda social les prohíba tener más hijos porque son una carga para la sociedad o limitar a los matrimonios a tener un hijo solamente.

# CÓMO CONSTRUIR CRÉDITO

El construir crédito es un proceso diario que requiere un tiempo prudente. Comenzamos desde la tienda comercial donde, a base de pagos puntuales, nos damos a conocer, luego, como no todo individuo tiene dinero en efectivo, comienzan por darle las compras a crédito. Esto es muy importante porque se hace popular en la gente de que tiene la virtud de ser un buen pagador, así sea en el barrio donde puede acudir a comprar electrodomésticos y va ir pagando en cuotas hasta que se complete el pago para llevarse su artefacto seleccionado. Luego va a las tiendas comerciales donde existen ofertas con cupones y especiales impresos en papeles. Estas tiendas tienen productos o artefactos que le dan pequeñas cantidades de crédito, con tarjetas que puede utilizar para pagar parte de la compra ya que los montos son muy pequeños. Lo más importante es que no le piden mucha documentación y puede utilizar el pasaporte, una factura de servicio público. Esta oportunidad no hay que desaprovecharla porque sigue la cadena de negocios que le encuentran con su registro financiero de buen pagador y le ofrecen crédito en tiendas más grandes y así tiene ya un historial en la escala de crédito en tiendas internacionales (franquicias) como tiendas de departamentos, Home Depot, Toyota, etc.

Es importante tener una cuenta bancaria pues con esto se nos abre innumerables oportunidades. Primero tenemos que hacer la solicitud y hablar con un empleado de servicio al cliente; este le va a dar la lista de requisitos. Otra manera es de tener una recomendación de una persona solvente que tenga sus cuentas en el banco, y finalmente es poner a la persona aspirante a compartir la cuenta con un viejo cliente en la misma cuenta donde gozará de los beneficios y ofertas con su compañero de cuenta.

Con una cuenta bancaria el banco puede extenderle una invitación a tener una tarjeta de crédito luego de un periodo prudente de control y seguimiento del comportamiento financiero del cliente. Otra forma de conseguir una tarjeta de crédito es valerse de alguien que tenga una tarjeta y que quiera compartirla siendo la persona añadida secundaria en la cuenta y con el derecho de poseer la tarjeta; el comportamiento financiero incidirá en el dueño primario de la tarjeta y también en el secundario porque el banco tiene en sus archivos el nombre y le puede ofrecer una tarjeta independiente sin necesidad de la garantía porque ya tiene un historial de crédito.

Otra forma de conseguir la tarjeta de crédito es: una vez que ya tenemos una cuenta en el banco, si es que este voluntariamente no nos extiende la aplicación para una tarjeta, podemos acudir personalmente a solicitarla. Y si así nos niegan, recurrimos a una eficiente forma donde se pide una tarjeta asegurada que requiere un depósito de unos un monto específico de dinero, quinientos dólares por ejemplo, para utilizarlos en las compras diarias con el objetivo es demostrar el cumplimiento y honestidad. Claro, no porque es su propio dinero va incurrir en no pagar tiene que pagar a tiempo. Esa fue mi experiencia personal y después de seis meses el banco vio el cumplimiento y solvencia económica, entonces me devolvieron los quinientos dólares y me entregaron la primera tarjeta con un límite para las transacciones y otro porcentaje pequeño para obtener efectivo. Con el uso mensual los bancos ven el comportamiento para incrementar la línea de crédito por ende nosotros estamos trabajando en un historial que nos va a servir en futuros planes de compras.

Es necesario recomendar cómo pagar las tarjetas de crédito. Si hemos gastado trescientos dólares es recomendable pagar el mínimo que piden, que pueden ser veinte dólares u otra cantidad, pero no el total de la planilla mensual (balance) porque así el banco gana intereses. Sobre todo queda archivado para el reporte del crédito: información de que paga. Cuando paga todo el monto no queda evidencia de las transacciones, pero en la otra forma se ve cómo paga, cómo se comporta con el manejo del presupuesto así sea pagando poco ya que está cumpliendo con los acreedores y a la vez haciendo puntos para lograr un buen puntaje en el crédito que influirá más tarde para la adquisición de bienes y servicios. Además, es una seguridad en estos días con mucho crimen donde la mejor manera es utilizar las tarjetas de crédito pues el efectivo es incómodo, un peligro para la seguridad personal. También el fraude cibernético es una amenaza en los actuales momentos, hay que tener mucho cuidado en brindar información confidencial. Se recomienda revisar los balances frecuentemente y protegerse con compañías que se encargan en vigilar para que las identidades no sean robadas.

Las otras facturas y compromisos deben ser pagadas a tiempo, me refiero a los servicios básicos: electricidad, agua, seguros, rentas, médico, multas, otras. Todas en general porque el sistema electrónico digital lo tienen los bancos de datos que pueden ser perjudiciales, insignificantes deudas que pueden arruinar nuestros planes y proyectos. Si no hemos pagado alguna factura por descuido o negligencia recomiendo ponerse al día, averiguar dudas y sacar un reporte de crédito donde le indicará deudas pendientes que explicarán la razón de ese puntaje. Tampoco se puede sacar muchos reportes de crédito ya que esto baja en la calificación (puntaje). El crédito es importante con un puntaje alto porque trae beneficios como los intereses bajos en sus adquisiciones o compras, se puede aprovechar los especiales, las tarjetas son importantes y se puede hacer las transacciones electrónicas lo cual ahorra tiempo y capital.

Todo negocio necesita materiales, seguros, servicios y más que requieren ser pagados con la tarjeta de crédito o débito, incluso para comprar de oportunidad en línea, por ejemplo en el viernes negro, navidad, día de la madre, el lunes electrónico y otros feriados durante el año. Las compras pueden ser también en compañías internacionales para comprar por mayor como Home Depot, Walmart, General Electric, AT&T, Apple, Cotsco, Macy's, etc. Las transacciones electrónicas son muy importante para el crédito y éstas compañías se apoyan en el servicio de correo norteamericano US Postal Service y compañías privadas como Federal Express y UPS, que llevan el producto a la puerta de la casa con seguridad y a tiempo. Las promociones de éstos gigantes de venta en línea como son E-Bay, Amazon y otros almacenes antes mencionados y otros omitidos en esta economía global. Es difícil hacer un historial de crédito decoroso sin una planificación económica.

Ahora vamos a ver cómo la gente pierde el crédito. Primero es por falta de conocimiento y educación económica disciplinada pues comienzan a utilizar la tarjeta sin control del ingreso o egresos, y como las tarjetas solo quieren que les pague lo mínimo para así tener ganancias con sus intereses altos, entonces las personas siguen gastando porque cada mes pagan un insignificante valor y la cantidad de deuda se multiplica hasta que ya son incapaces de pagar el mínimo. Es entonces cuando comienzan a ser perseguidos por las deudas, por lo tanto no pagan y las consecuencias las pagan los clientes honestos, ordenados y honrados porque los bancos no pierden sino que suben las tasas de intereses y servicios. Igual sucede con los seguros de los vehículos, casas, etc., que por causa de clientes irresponsables, los seguros están por las nubes y, en general, la indisciplina económica afecta a todos los clientes.

Las instituciones financieras son en gran parte causantes de la perdida de crédito, porque no hacen un estudio para determinar a quién deben enviar una invitación, por ejemplo: ¿cómo pueden enviar una aplicación a una persona que vive de la asistencia social si no tiene ingresos?, que tal vez no tiene trabajo y vive de toda ayuda existente. Estas instituciones deberían ser estrictos en las aplicaciones exigiendo recibo de pago por salario semanal, sobre todo los ingresos semanales- mensuales-anuales y el pago de los impuestos; además deberían limitar el número máximo de tres tarjetas de crédito a personas con solvencia económica decente, para prevenir el endeudamiento en muchas tarjetas y evitar el suicido económico de los clientes.

Las compañías pagan a otras empresas dedicadas a la cobranza, entonces el problema comienza con el consumidor, estas denuncian, se comunican entre las oficinas de crédito y como consecuencia el reporte de crédito baja en la puntuación y ni siquiera llega a lo mínimo requerido para conseguir el préstamo o la meta de la persona. Mayor es el problema cuando comienzan a embargar los bienes y si quieren comprar o hacer negocios no les aprueban o les cobran intereses altos, el peor de los casos es cuando se han declarado en bancarrota ya que todo se vuelve difícil a comenzar de nuevo. Otro escenario es que son declarados personas insolventes y es aquí donde puede terminar el sueño americano. Muchos individuos no solamente lo hacen porque realmente no pudieron pagar, hay otros que abusan del sistema, aquellos que roban en día claro y se declaran en bancarrota después de traspasar los bienes a sus familiares, amigos, esposas o cambiar de nombre sus negocios, incendiar sus vehículos, fingir enfermedades, etc. Eso pasó después del boom de los bienes y raíces que refinanciaron con engaños de que no pueden pagar sus casas dejando los bienes a sus familiares. Lo único es que quedaron insolventes ricos con bienes puestos a nombre de sus familiares más cercanos. Estos corruptos y ladrones a veces abren las puertas de sus negocios únicamente con otro nombre prestando los mismos servicios al público, en poco tiempo pueden hacer la misma fugada aprovechándose de los vacíos de las leyes, con abogados deshonestos que se dedican a estas transacciones inmorales.

Para hacer crédito se necesita dos tarjetas de crédito, pero después de que los bancos le conocen también empiezan a bombardear con ofertas de tarjetas, agudizando el problema de las personas inexpertas y desordenadas en el manejo de las finanzas que se endeudan sin control en sus tarjetas. Como los bancos observan el comportamiento financiero, comienzan a ofrecerles tarjetas a donde van y como son novatos e inexpertos las aceptan y siguen endeudándose en todas las tarjetas de crédito que poseen. Así es como volvemos al inicio o peor los bienes son embargados, la justicia le persigue, la casa es tomada por el banco, el carro se lleva el dealer, a la esposa se lleva el vecino. La última solución es consolidar las deudas y negociar para pagar poco a poco al cobrador que ofrezca las mejores condiciones de pago, y finalmente lo más aconsejable es buscar un consejero de negocios. Todo esto se debería haber prevenido con la ayuda del especialista.

Manejar pocas tarjetas de crédito significa tener disciplina y cuidado en el manejo de su presupuesto. Es fácil investigar los estados de cuenta, además no es aconsejable tener muchas deudas porque afecta el puntaje en el reporte de crédito. Cuando los prestamistas o acreedores ven muchas relaciones comerciales y deudas esto alerta a los bancos y compañías que se dedican a investigar y si es que estamos comprando de oportunidad, esta se nos va a ir porque el tiempo es apremiante entonces esto dificulta el análisis, investigación y diagnóstico ante un cliente endeudado con muchos acreedores. Así sean pequeños montos afectará la decisión final y el puntaje en el crédito, por esta razón los acreedores le van a subir el interés o negarle el préstamo, posiblemente por el simple hecho de rentar un carro (el denominado lease), por eso se debe tener mucho cuidado con estos comportamientos que perjudican en lograr nuestros objetivos financieros.

Mucha gente desconoce el valor del crédito. En los últimos años se ha dado importancia al cliente con un buen historial crediticio, es decir una persona que paga sus planillas y deudas a tiempo, una persona solvente económicamente, pues con esta información y el puntaje obtenido por agencias que lo recolectan información (Trans Unión, Experian y Equifax) con la ayuda del sistema computarizado/digital, saben todo del público (clientes) a quienes realmente nos electrifican con sus datos. Si esta información de los clientes está en buenas manos es muy provechosa, pero si se encuentra en manos de criminales que roban la identidad estamos en riesgo del fraude ya que con esta información pueden usar tarjetas de crédito, sacar dinero del banco e incluso pedir préstamos. En realidad vivimos días alarmantes e inseguros. Es necesario tener los documentos en lugares seguros y si no sirven, destruirlos al igual que todo recibo que tenga nombre o dirección, es decir algún pequeño detalle, hay que romperlos para evitar complicaciones. Las transacciones en línea deben ser seguras y con tiendas conocidas, se debe siempre comparar las planillas y documentar para comprobar los pagos que coincidan el día y la cantidad. Un buen crédito ayuda a crecer y obtener mayores bienes y servicios con ciertas preferencias como intereses bajos, efectivo sin intereses por periodos cortos, descuentos especiales, préstamos que crean una flexibilidad y seguridad económica.

# MEJORAR LAS CONDICIONES DE VIDA

Si decidimos emigrar y abandonamos la tierra, la patria, la familia, las costumbres y cultura, donde era feliz aunque sin flexibilidad económica por causa de la pobreza de un país tercermundista, poco desarrollado y con una corrupción burocrática dentro de la cual para conseguir un empleo únicamente es posible afiliándose al partido de gobierno donde los puestos son ocupados no por la capacidad o título sino por la alineación política y por pago de las cuotas a cada uno de quienes invirtieron en la campaña. Bajo esta forma de administración del estado muchos jóvenes hombres y mujeres, profesionales y no profesionales, buscan oportunidad en la emigración, ya sea a Norte América o Europa. La estrategia nueva es trabajar con un plan que permita disfrutar y conocer nuevos sistemas económicos donde faciliten ingresar a un trabajo por medio de éste, obtener una remuneración y mejorar las condiciones económicas de la familia e indirectamente del país.

Para lograr esto se tiene que fijar metas y objetivos. Las metas no tienen que ser ligadas al consumismo de comprar los zapatos Jordan (ropa de marca) o comprar una computadora portátil para bajar música, chatear con personas que no conoces o mirar pornografía, hacerse tatuajes por todo el cuerpo sin una razón, ponerse aretes, las mujeres y sus cirugías que terminan perdiendo la vida o complicaciones médicas posteriores, fumar o usar droga porque simplemente ven los hábitos de otras culturas, comprar un carro dejando de comer o tal vez disfrutar sin recordar a la familia, a los hijos, a los padres, la cultura y las costumbres. Entrando en un proceso de separación de la cultura y renegando de nuestras raíces. Cada persona tiene un sueño principalmente económico, el llamado "sueño americano" y USA es el lugar ideal en el planeta para lograrlo. Adicionalmente podemos satisfacer otras necesidades como, por ejemplo, artística, educativas, deportivas, políticas, hobbies, etc.

Como latinoamericano y ecuatoriano, en mi opinión personal, debo confirmar que la mayoría de nuestra gente únicamente se preocupa de lo económico, olvidándonos de la educación, del manejo del idioma y otras áreas. Recuerdo que en uno de mis viajes de vacaciones a Ecuador visité a un profesor amigo mío graduado en la Sorbonne y este me ofendió, suponía que yo no hablaba inglés, pero asumí cordialmente y amigablemente porque es la verdad. Mucha gente que regresa por vacaciones o definitivamente a Ecuador, Argentina, México (latinos) no aprendieron el inglés.

El capitalismo permite la superación en todos los ámbitos porque no hay limitaciones en la producción que está regidas por la oferta y la demanda (mercado libre), por lo tanto, puede trabajar ya que hay fuentes de trabajo y oferta de empleo (hasta cuatro trabajos). Con esto se tiene dinero en efectivo que permite mejorar las condiciones de vida personal de la familia en los Estados Unidos y en nuestros países de origen. Nuestros analistas económicos nunca mencionan esta fuente de entradas de divisas por parte de los emigrantes y el efecto económico de alimentar la economía con bienes y servicios robustos, fruto de las remesas distribuidas en todo el mundo, principalmente provenientes de los Estados Unidos y Europa.

El dinero en efectivo (cash) sirve para mejorar las condiciones de vida como la alimentación, vivienda, educación. La mayoría de personas que han emigrado demuestran un mayor poder adquisitivo comparado con los que nunca se movilizaron. El problema está en cómo canalizar esos recursos para que sean administrados racionalmente. Experiencias de ello, ver hijos de mis amigos que se han graduado en las universidades o que están cursando estos institutos es muy grato porque permite un desarrollo del país con ingresos provenientes de los migrantes alrededor del mundo, principalmente de los Estados Unidos. En este caso el país se ha beneficiado de una inversión productiva sin aportar un centavo al contrario ha ganado profesionales para el desarrollo social y económico.

En el área de la medicina, las clínicas privadas son beneficiarias del dinero de los migrantes y sus familiares que erróneamente utilizan estos malos servicios que a veces realizan operaciones innecesarias para que la planilla sea más alta, despreciando los servicios públicos que son eficientes o mejores con los mismos profesionales que se esfuerzan por curar con menos lujos. La falta de conocimiento y muchas veces su alienación por el dinero hace que algunos migrantes acudan erróneamente a centros privados que recomiendan tiempo excesivo de hospitalización, tratamientos e intervenciones innecesarias. Este derroche de dinero puede ser utilizado racionalmente en inversiones que creen ganancias.

Otra forma de "suicidio voluntario" aprovechado por los médicos inescrupulosos de las clínicas privadas son los cirujanos plásticos que realizan sus cirugías en complicidad de los ministerios de salud, cuyos clientes provienen de Latinoamérica, residentes en el exterior; esto se conoce solo cuando hay litigios por mala práctica médica. Los otros casos son desconocidos por la complicidad de las autoridades.

La medicina es importante para prevenir enfermedades o combatirles a tiempo, contar con ese servicio es un privilegio que, cuando es accesible a los migrantes, se debe aprovechar. De cualquier manera debemos ir adoptando buenos hábitos de los países desarrollados que después de experimentar un problema con el sobrepeso (obesidad) con el cincuenta y seis por ciento de los norteamericanos tienen este problema por eso debemos comer saludable, hacer ejercicios, chequeos periódicos, etc. Esta costumbre se puede hacer extensivo para los familiares que se encuentran en los países de origen.

Hay abuso de los profesionales como médicos, odontólogos, arquitectos, abogados, y otros que se aprovechan de los que residen en el extranjero, que van a visitar a la familia o de extranjeros que viajan por placer y negocios. Si es que van a requerir algún servicio es importante saber el valor del servicio en el mercado, al igual saber el valor del producto, caso contrario somos discriminados con adulteración de los valores monetarios.

El exceso de circulante nos permite utilizar dinero en el bienestar propio, satisfacer las necesidades de salud, educación privada, vivienda, vestido, transporte, bienes raíces, lujos, cirugías, vacaciones, restaurantes, eventos sociales, otros. Por ejemplo, existen gimnasios donde tienen una infraestructura con tiendas que proveen vitaminas y más productos de esta área. Estos negocios se han propagado debido a su gran demanda; también puede realizar otros deportes como ciclismo que necesitan una inversión menor que se vuelve alcanzable si tenemos dinero en nuestros países de origen debido a la inyección de divisas provenientes de las remesas de los emigrantes.

La política actual de Estados Unidos con el presidente Donald Trump ha puesto en aprietos a migrantes latinoamericanos, pero tomemos a México como ejemplo que por temor de las deportaciones o que va a hacer dificultoso que salga el dinero como remesas, porque quieren crear un impuesto, entonces antes que llegue al poder en enero del

2017, los mexicanos han enviado veinte y siete mil millones en el 2016, dos mil millones más de lo que se enviaba anualmente que era veinte y cinco mil millones. Nunca antes las remesas han sido tan importantes, ahora se expresó la verdad de la dependencia de este rubro para la economía ecuatoriana y latinoamericana.

Las metas iniciales (personales y de otros) son comprar un vehículo como medio de transporte para llegar a los destinos de trabajo o también distracción, si es que hemos satisfecho nuestras necesidades básicas; y, cumplido con la familia. El objetivo de todo inmigrante es comprar una casa o construir para vivir cómoda y poder tener más libertades al ser dueño ya que puede hacer cambios de acuerdo a las necesidades, capricho y presupuesto disponible. Hay que tener mucho cuidado con las finanzas porque el momento que los bancos le conocen, le ofrecen créditos para endeudarlo e incluso prestamistas inescrupulosos que tienen como objetivo hacerse dueños de ese bien con documentos firmados con cláusulas mañosas que si no paga o se atrasa los intereses altos, la casa, el bien, el carro ira a parar en manos del banco o prestamista (chulquero)[32].

Por último sus ganancias o excedente pueden invertir en corporaciones de igual manera que estén legalmente establecidas para asegurar su capital y ganancias, puede comprar bonos o acciones (shares) de las compañías exitosas como Apple, Facebook, General Electric. A largo plazo se obtiene ganancias ya que son compañías probadas (blue chips-nunca pierden), además, siempre buscar información o valerse de un experto en negocios que no cobre mucho y finalmente puede contribuir a planes de retiro y bonos para la educación de sus hijos. Existen miles de formas de ahorrar, invertir y asegurar su dinero, mejor que tener debajo el colchón o en el banco sin beneficios a lo mejor pagándoles para que el capital se mantenga en cantidad pero a lo mejor perdiendo el valor adquisitivo por la inflación anual que generalmente es del ocho al diez por ciento anual.

Por todo lo anterior señalado, sugiero a los inmigrantes invertir en bienes raíces que no requiere de mucho conocimiento. En un tiempo prudencial se tiene ganancias y lo más importante se conserva el

32 Chulquero – Prestamista no regulado e independiente que hace prestamos de dinero con intereses altos que no se conforman a las leyes nacionales.

capital. Porque si guardamos en el banco el capital se mantiene con intereses insignificantes, no existe una plusvalía como ocurre en los bienes raíces.

También podemos invertir en otros negocios como tiendas, restaurantes, fabricas, es decir, diversificar las inversiones pero siempre es recomendable valerse de un consejero económico.

Tomar en cuenta que los consejos y opiniones sobre la economía y finanzas son por mi experiencia personal. Por lo tanto siempre consulta a un profesional para tomar decisiones financieras y de inversiones.

# MEJORAR LA SITUACIÓN ECONÓMICA DE LA FAMILIA

La familia de los migrantes radicados en los Estados Unidos generalmente tienen todas las comodidades como son: capital, casas, vehículos y servicios. Si comparamos la comodidad de las personas que tienen parientes en el exterior con los que no han emigrado, es notoria la diferencia por la capacidad de adquisición económica provocada por los salarios y desarrollo de los países ricos que han influenciado en la forma de vida de los inmigrantes y sus familiares asentados en sus países de origen. Recordemos que la migración se dio por necesidad y por la ausencia del capital y la falta de trabajo, persecución política. Así por ejemplo en los años sesenta y ochenta la migración de Ecuador fue de grupos campesinos del Cañar y Azuay que dejaron sus parcelas para emigrar a los Estados Unidos porque vivían en condiciones inhumanas de explotación y pobreza. La decisión de movilizarse trajo mejores condiciones personales y obviamente de su familia.

Se sabe que algunos de ellos compraron las haciendas donde antes trabajaban, o también se movilizaron a las ciudades con diferentes propósitos como educación de sus hijos o simplemente vivir en la ciudad entre edificios, al estilo norteamericano con ascensores, piscinas, garajes y más comodidades en propiedades con bastante terreno en Ecuador y Latinoamérica. Otros grupos se establecieron en los lugares donde llegaron en Estados Unidos por ejemplo el asentamiento en Ossining, New York hay un porcentaje grande de inmigrantes que son provenientes de Girón, otro de ellos es Connecticut que está poblado por muchos gualaceños, y así en la Roosevelt, Queens, New York, la mayoría son latinoamericanos de Colombia, Ecuador, México y otras nacionalidades. Los dominicanos se agruparon en el Bronx, en general el latinoamericano se dirigió mayormente a Miami donde viven los ricos millonarios tanto de izquierda y derecha, perseguidos por fraudes a sus respectivos países. Otros escogen este sitio porque la población básicamente es latinoamericana con una comunidad cubana activa económica y política que se adueñó de este estado. Otros migrantes toman su destino Nueva York, la capital económica del mundo, donde existe mucha oferta de trabajo; en menor número los inmigrantes se han distribuido por otros estados. Los mexicanos y centroamericanos están en todas partes pero mayormente en estados del sur (frontera).

Una característica de los inmigrantes es crear colonias que representan a los países de origen donde se reúnen con viejos amigos del mismo lugar para celebrar actos cívicos, culturales, deportivos y sociales, especialmente religiosos, como la celebración a La Virgen de Guadalupe, La Virgen del Cisne, Virgen de Las Lajas, Día de los Muertos, las independencias de cada país son celebradas con bombos y platillos. En estas festividades se ve el derroche de dinero con sus mejores atuendos y vehículos, incluso inexplicablemente con cirugías. Esta muestra de poder económico debería invertirse en educación, negocios, ahorros, valores morales y éticos.

Como hemos podido ver, los inmigrantes desde donde estén envían sus remesas. En Ecuador este es el segundo rubro después del petróleo y en los actuales días a lo mejor es la primera fuente de entrada porque los precios del petróleo bajaron y el gobierno socialista no ha creado otras fuentes de producción para generar ingresos en épocas de crisis, al contrario, ha derrochado en su utópica revolución. Según datos del Banco Central del Ecuador el flujo de recursos familiares que ingresó al Ecuador desde ciento noventa y cuatro países, durante el 2014 fue de dos mil cuatrocientos sesenta y un mil setecientos millones, con un aumento del 0.5% a un valor del año 2013 de dos mil cuatrocientos cuarenta y nueve mil quinientos millones de dólares.

Tomado de la misma fuente (BCE), el flujo de remesas procedentes de Estados Unidos para el 2014 fue de mil doscientos cuarenta y siete mil ochocientos millones, mientras que en el 2013 las remesas llegadas a Ecuador procedentes de Estados Unidos fueron de mil ciento setenta y seis mil seiscientos millones de dólares. El aumento de las remesas correspondientes al 2014 y procedentes de Estados Unidos, se atribuye al desempeño de la economía norteamericana y al crecimiento del PIB del 2,4%.

Para el año 2015, la entrada de divisas al Ecuador por parte de las remesas procedentes de los migrantes en varios países del mundo, fueron de dos mil trescientos setenta y siete mil ochocientos millones de dólares, y de éstos rubros solamente de Estados Unidos ingresaron mil trescientos treinta y dos mil trescientos millones de dólares. Durante el 2016 ingresaron dos mil seiscientos dos mil millones de dólares, y solamente de Estados Unidos ingresaron mil cuatrocientos sesenta y un mil millones de dólares.

Mediante la siguiente gráfica, podremos visualizar de mejor manera el aporte económico de las remesas provenientes de los emigrantes asentados en Estados Unidos.

| AÑOS | MILLONES DÓLARES |
|---|---|
| Año 2013 | 1176,6 |
| Año 2014 | 1247,8 |
| Año 2015 | 1332,3 |
| Año 2016 | 1461,0 |
| TOTAL | 5217,7 |

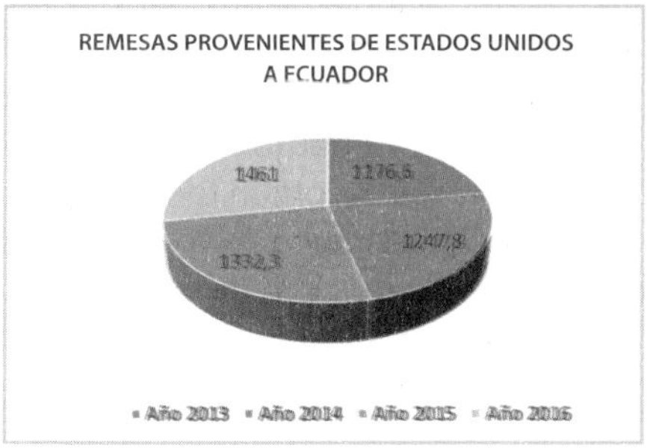


Fuente: Banco Central del Ecuador 2016.

La recuperación económica de Estados Unidos, que empezó en el 2014, se traduce en la creación de más empleos, según el Departamento de Trabajo. Chicago y Nueva York son los principales destinos de los ecuatorianos y en especial de los azuayos y cañarenses. La construcción, limpieza de hogares, restaurantes y jardinería son sus principales ocupaciones.

Según R. Mendieta "...dada la magnitud y tendencia de las remesas, ellas suelen representar uno de los principales rubros de transferencia corriente en la balanza de pagos de muchos países en desarrollo o de reciente industrialización, constituyendo una verdadera inyección de recursos económicos en sectores específicos de las economías regionales y locales"[33]. Estados Unidos sigue encabezando la lista de países donde provienen más recursos; esta característica se distribuye en mayor proporción en las ciudades de Guayaquil, Quito y Cuenca.

A pesar de ser un rubro considerable, el ingreso de las remesas al país, no han sido tomadas en cuenta como un rubro que vaya directamente al área de inversión. Se ha subestimado la actividad productiva porque el gasto "improductivo" genera efectos multiplicadores a nivel local y

---

[33] MENDIETA, R. (2015) Remesas y disparidades económicas territoriales. Caso ecuatoriano. Colección Desarrollo de Migración. Universidad de Cuenca, Ecuador.

regional, y las remesas contribuyen a reducir las desigualdades de clase, regionales y rural-urbanas.

El Estado no dimensionó que las remesas podrían ser una importante fuente de financiamiento para la formación y capitalización de micros y pequeñas empresas impulsadas por los propios migrantes. Las remesas bien canalizadas, conformarían una especie de capital económico, el cual junto a otros capitales sociales (redes familiares, trabajo familiar y comunitario, organizaciones de migrantes, entre otros), constituirían recursos privilegiados para las comunidades que, si fueran bien gestionados, podrían contribuir a superar las condiciones de vulnerabilidad social y precariedad económica, porque cuentan con los recursos necesarios vía remesas.

El carácter asistencialista del estado ecuatoriano para el combate de la pobreza, con la dotación de bonos y subsidios, no promueve políticas de atención a la promoción de una correcta gestión de los recursos de los pobres para que ellos mismos enfrenten y superen su situación de pobreza y vulnerabilidad mediante la implementación de medidas como el empleo, el auto empleo y el aprovechamiento del capital social de los pobres, constituirían mecanismos privilegiados para resolver su situación de pobreza. El oficialismo no ha planificado medidas conservadoras de los recursos, no se ha buscado fomentar la inversión productiva y la formación de negocios por parte de los migrantes y/o sus familiares.
El papel de las remesas no ha sobrepasado los niveles de bienestar individual de las familias, generado satisfacciones aisladas pero no colectivas. Tomemos el simple ejemplo de construir una casa donde se comienza por el terreno y es aquí que los municipios son los que primero se alimentan con los impuestos y papeleos burocráticos. Después las personas que prestan servicios, la persona de bienes y raíces, también aquí entran abogados, registros de propiedad otra vez las instituciones públicas, luego vienen los arquitectos con los proyectos de la construcción los cuales envuelven a empleados de la construcción, transporte, medicina, alimentación y otros, hasta que el proyecto esté terminado. Quizás se desaprovecharon los recursos de los migrantes vía remesas, por cuanto se priorizó el gasto suntuario de las familias dejando de lado la inversión, que beneficiaría al migrante de regreso a su país de origen.

Este proceso no ha sido analizado por los sociólogos, tampoco por los analistas económicos, antropólogos. En España la mano de obra ecuatoriana es apetecida y respetada por su nivel educativo: secundario y universitario, dejando por debajo a marroquíes e individuos de Europa del Este. A este punto se refiere el chef, crítico y autor norteamericano Anthony Bourdain[34]: *cocina italiano, tres estrellas, habló recientemente de por qué él -un orgulloso toscano que hace su propia pasta y salsas a diario y administra una de las mejores cocinas de restaurantes en Nueva York- nunca sería tan tonto como para contratar Italianos para cocinar en su línea. Él prefiere mucho a los ecuatorianos, como muchos cocineros: "¿El italiano? Le gritas con prisas, "¿Dónde está ese risotto? ¿Ya está listo el maldito risotto? ¡Dame ese risotto!"... y el italiano... él te lo dará... ¿Un chico ecuatoriano? Él solo le dará la espalda...y revuelva el risotto y continúa cocinando hasta que esté hecho de la manera en que lo mostró. Eso es lo que quiero."*

Los estados beneficiarios de las remesas de los migrantes deberían enfatizar este ingreso como uno de los rubros que dinamizan la economía de cada uno, ya que sin estos dineros la situación económica sería deplorable. En cambio, nuestros coterráneos tienen una mentalidad prejuiciosa hacia los inmigrantes que para ellos valemos únicamente por el dinero, nos conceptualizan personas con bajo nivel educativo a quienes hay que aprovecharles. Como efectos de la migración y envíos de remesas, se constituyen un sin número de negocios de envío y recepción de dinero, que se han beneficiado con las remesas, cobrando honorarios excesivos, generando el enriquecimiento de estas intermediarias

Las compañías y empresas de envíos de paquetes se han multiplicado creando puestos de trabajo a muchas personas. Algunos de ellos en esta área son Delgado Travel, Moneygram, Western Unión y otras pequeñas compañías que operan desde los pueblos más remotos y prestan estos servicios, con economías mixtas, pequeños bazares, y grandes almacenes de línea blanca que satisfacen las necesidades de los familiares de migrantes. Otros negocios que se fortalecieron y han aprovechado del dinero de las remesas, son cafés internet o cabinas para llamadas internacionales creadas por la demanda de los inmigrantes en el exterior y por la falta de conocimientos cibernéticos de cómo hacer una simple video o conferencia. Una actividad con poco interés de

---

[34] Anthony Bourdain - chef, autor y celebridad norteamericana. Cita textual de su libro "Kitchen Confidential".

análisis económico ha significado el desarrollo de la telefonía celular resultando ser generadora de ingentes ganancias para las empresas transnacionales habiéndose extendido y cubierto hacia las áreas más recónditas que habitan los familiares de los migrantes.

En el campo de la educación de los niños y jóvenes, generalmente los hijos de migrantes que han quedado en los países de origen al cuidado de familiares, acuden a escuelas privadas y pocos son los que van a escuelas fiscales ya que la idiosincrasia del migrante es pagar la educación de sus hijos creyendo, posiblemente, que se trata de mejor educación. Se ha visto con mucha preocupación que, en un alto porcentaje el abandono de los hijos no ha hecho bien en la formación de valores (éticos-morales), en la responsabilidad como hijos, como estudiantes, como seres sensibles ante la situación de sus padres, que buscan comprar con dinero la satisfacción y felicidad de sus hijos.

Una familia ideal, según mi opinión personal, es mantenerse unidos y seguir adelante. Mejor suerte corren aquellas parejas que pudieron llevar a sus hijos al exterior y unir la familia. Es posible que, haciendo una comparación entre una familia que logró emigrar con otra que se quedó en el país de origen, el sacrificio de esta última es mayor porque no tiene trabajo y no puede cristalizar sus sueños ni los de su familia. En el otro caso se lamenta el no poder ser el tutor de su familia, siendo un poco más controlador también hacer las cosas como se quiere, ya que las obras son controladas desde algún lugar remoto donde hayamos viajado.

En los momentos actuales el desarrollo de la tecnología nos ha facilitado la comunicación mediante video conferencia, en traducir en la lengua que sea, pronunciar en diferente idioma. Google donde se puede buscar lo que queramos, encontrar definición y videos de la pregunta. Wikipedia, una especie de diccionario, donde investigar de la comodidad de nuestros hogares y oficinas. El desarrollo ha beneficiado especialmente con la capacidad de adquisición de equipos electrónicos y sobre todo teléfonos y computadoras que se benefician del internet donde encontramos programas o sitios diversos de información de todo tipo que nos enseñan de todo. A veces esto es utilizado maliciosamente como para robar información o también por terroristas para elaborar bombas o comprar armas. Este avance ha ayudado al país en el turismo con GPS (mapas de localización), con traductores y diccionarios que guían a los turistas. Estos regalos son desconocidos e ignorados por nuestros gobernantes que lo toman sin analizar y agradecer a los científicos e inventores de los países desarrollados, como paso con la revolución industrial especialmente norteamericana si es que nos referimos a la electricidad, el petróleo y sus derivados que transformaron las economías e hicieron la vida sencilla a costa del trabajo y recursos de personas, instituciones y científicos estadounidenses.

Los inmigrantes se defienden, tratan de luchar y seguir adelante a pesar de las penalidades y sacrificios de abandonar a los seres queridos, soportar humillaciones, desprecios, bullying (acoso) y segregación racial por el idioma o la apariencia física. Y peor aún, romper una familia unida. Se ha demostrado que en los actuales momentos ya no funciona en el capitalismo. La libertad económica hace que los miembros de la familia no cenen en familia (cada uno por su lado) y se vean a las semanas, meses o años, igual que si estuvieran en España y Estados Unidos, tomado en cuenta que la distancia de Nueva York-Ecuador es seis horas en avión y que un viaje de Esmeraldas a Cuenca en transporte terrestre dura catorce horas.

La razón para movilizarse en un medio de transporte aéreo o terrestre es obviamente económica, porque en nuestros países no podemos vivir con el salario que percibimos, peor aún, tener acceso a un servicio aéreo por falta de trabajo. La agricultura no es rentable para satisfacer las necesidades básicas. También un gran número de profesionales que no consiguen trabajo no pueden acceder a ocupar un cargo público o ubicarse en un trabajo afín a su profesión y, peor aún, desarrollar su propio emprendimiento productivo. Después de tantos años de estudio que les cuesta a la familia y al Estado, deciden emigrar, factor que inicia en la década de los sesenta con la crisis de la demanda de los sombreros de paja toquilla (Panamá Hat), agudizándose en los ochentas y noventas. Últimamente la migración ha disminuido por la seguridad de la frontera norteamericana y la inseguridad criminal de México y Centro América. La mayor parte de aproximadamente de un millón y medio de migrantes ecuatorianos: un millón se han ido a Estados Unidos; quinientos mil fueron a España. El éxodo de migrantes a Estados Unidos no es solución para encontrar trabajo afín a su profesión, más bien la mano de obra calificada ocupa puestos de trabajo reñidos con su conocimiento.

Este fenómeno no solo se da con los latinoamericanos, se da a nivel general con profesionales calificados como ingenieros hidráulicos de

Egipto que venden alimentos en un vehículo ambulante en Manhattan y hacen trescientos dólares al día, o un abogado que entrega pizza a domicilio y hace unos cien dólares al día, un chef gana unos dos mil dólares semanales (este puede ser un profesional en su país), en fin, estos profesionales trabajan en diferentes áreas. Esta mano de obra educada es más apetecida por los empleadores y tienen buenos comentarios por la facilidad de percibir las cosas y aprender la lengua. El buen elemento emigra para evitar ser absorbido por la política donde algunos bachilleres gobiernan la patria como ocurre en Ecuador, Cuba, Bolivia y Venezuela ejemplo: Nicolás Maduro, un conductor de transporte metro de Caracas y responsable de una de las peores crisis de la historia de Venezuela.

*Fuente: Chef Ernesto Espinoza y Juan Lara. Talentosos desconocidos a pesar de sus méritos culinarios y profesionales. Una triste realidad latina. Fotografía Severo Wazhima Z.*

De esta manera el esfuerzo de los emigrantes de mantenerse en trabajos nuevos y la obligación de aprender algo diferente, de conocer herramientas desconocidas, lenguaje y costumbres, adaptarse a clima diferente, en resumen, a un mundo extraño, es decir, a una cultura diferente. Con todo este panorama la persona envía dinero a sus familiares dinamizando la economía del país de origen, beneficiándose los sectores productivos porque el poder adquisitivo crece y la producción de las mercancías se ejecutan mediante la compra y venta de productos. La familia invierte en bienes suntuarios, en actos sociales, en la compra de bienes raíces, vehículos, artefactos de la línea blanca, casas. Es evidente cuando alguien está en el exterior puesto que tiene una casa provista de todos los servicios básicos, aunque en la localidad no exista redes de alcantarillado para su funcionamiento, además de televisión, computadoras, teléfonos, celulares, cable, juegos de video, cámaras de seguridad, y, sobre todo, emplean a mucha gente. Los hijos tienen educación privada desde los programas pre- escolares, escuela primaria, secundaria hasta la universidad, los centros educativos se propagaron como efecto de la demanda de los hijos de emigrantes, resultando ser un negocio muy rentable.

La crisis mundial y la recesión económica de los Estados Unidos afectó a todo el mundo, por esa razón las remesas disminuyeron. Esperemos que esta crisis se normalice, se controle para poder tener un desarrollo global pues en este momento de inseguridad nadie quiere invertir; además, la inseguridad creada por los gobiernos socialistas de América Latina que han inventado una cantidad de impuestos obligando al éxodo de los capitales y empresas que se ven forzadas a cerrar, en el caso de Ecuador, se mudaron a Perú o Colombia. Después de crear este caos nadie quiere invertir ni dar crédito a países morosos, inseguros (GAFI-Grupo de Acción Financiera Internacional) que han sobrevivido gracias a la única fuente que es el petróleo.

También las empresas norteamericanas se mudaron a México, Centro América, China, y otras partes del mundo porque en Estados Unidos los impuestos son muy altos, con una mano de obra cara, politizada con sindicatos y otras oficinas sociales que meten la nariz donde no les conviene. A pesar de esto, los capitales, bienes, individuos y ganancias siempre regresan a Estados Unidos aunque a pocas manos. Es importante subrayar el liderazgo del presidente Barack Obama en sacar al país de la crisis económica, contraria a la hipocresía de Donald Trump con su slogan (made in America) Hecho en América, claro que él, su hija Ivanka y otros demagogos deben dar el primer paso empleando mano de obra norteamericana y dejen las maquilas de China, México, Centro América y otros países donde la mano de obra es barata para confeccionar sus zapatos, corbatas, etc.

En Ecuador los "correístas" se han adueñado de los fondos de ahorro del pueblo en diferentes instituciones como son las jubilaciones de la Seguridad Social, también han limpiado las reservas (lingotes de oro) del Banco Central e incluso han hipotecado los recursos naturales a China. Por eso el ecuatoriano, en mi opinión, que vive en el exterior ya no quiere invertir, por temor a las políticas suicidas, utópicas que no funcionaron en la unión Soviética, Cuba, Venezuela, (ALBA-Alianza Bolivariana) y otros solo han traído beneficios para los cabecillas burócratas de los regímenes totalitarios socialistas, mientras el pueblo vive en la miseria. A causa de la crisis las remesas han disminuido, pero siguen siendo un rubro importante para la economía especialmente porque algunos hogares dependen únicamente de las remesas.

En algunos casos nos vemos obligados a enviar el dinero por la situación legal derivada de la ola anti-inmigrante creada por la derecha encabezada por Donald Trump. En los momentos actuales en Estados Unidos, junto a otros nacionalistas tanto de derecha e izquierda como Vladímir Putin (URSS) o los países Europeos (Western Civilization), estas políticas de estado generan inseguridad, entonces el migrante no sabe qué hacer con ese callejón sin salida. El dinero o remesas son enviados obligatoriamente y depositados en los bancos o en manos de los familiares, víctimas del asecho del crimen y la corrupción de nuestros países latinoamericanos que no prestan seguridad al capital. Este escenario obligatorio no es saludable para el progreso y enriquecimiento del individuo, sociedad, país con capital dormido ya que el dinero debe ser invertido para crear ganancias y crecimiento.

Únicamente si diversificamos las inversiones vamos a ganar, eso es lo que recomiendan los millonarios (Warren Buffett, Bill Gates), economistas, administradores, consejeros. En el caso del inmigrante se ve obligado a deshacerse del dinero, de sus planificaciones de los sueños por culpa de políticas y fronteras con reglas creadas por lo seres humanos que perjudican a otros con gran capacidad y grandes proyectos.

Este apresurado giro provoca pérdidas porque si fuera diferente los residentes y ciudadanos invertiríamos donde nos encontramos y dedicaríamos tiempo completo a nuestras casas, fincas, negocios, profesiones, etc. Esto crea una inseguridad por esta discriminación, xenofobia vigente en pleno siglo XXI donde exigimos legalizaciones, en el cual las fronteras son barreras que separan a los seres humanos y familias; y, la raza y el color de la piel es un impedimento para gozar de la libertad lograda por mártires. La religión es una traba para vivir en paz.

Este desequilibrio social político y económico ha provocado la creación de grupos extremistas de derecha e izquierda como Isis, Jihad, células de defensa de la revolución (Cuba, Venezuela, Ecuador), Ku Klux Klan, nuevos nazis, supremacía blanca, blancos nacionalistas, Alfaro Vive Carajo, Sendero Luminoso, Mara Salva Trucha, los Zetas, a pesar de ser radicales y sanguinarias, no se ha logrado mejorar las condiciones políticas, peor las económicas.

En Ecuador, luego del despilfarro del boom petrolero donde el precio era ciento veinte dólares por barril, comparado con hoy que está a treinta dólares por barril, y después del bombardeo con impuestos, y, sobre todo, luego de cambiar leyes (referéndums 2015) para gobernar sin obstrucciones que permitieron el robo y corrupción en las narices de una asamblea cómplice afín al régimen, igual que los jueces gobiernistas que firmaron los acuerdos y leyes a favor de una autocracia (caudillo) del presidente Rafael Correa y su equipo con intenciones de perennizarse en el poder, sin que nadie pueda fiscalizarle u opinar. Esto no es saludable y según lo dicho por Oscar Arias (ex-presidente de Costa Rica), lo cual describe como "Reelección cáncer de Latinoamérica", es verdad pues veamos los ejemplos de destrucción y crisis: Cuba, Venezuela, Bolivia, Ecuador, finalmente otro escándalo de Nicaragua donde el presidente Ortega que no permite presencia de observadores internacionales, y para colmo, su esposa es la vice-presidente de este país.

Cuando los países están en crisis, echan la culpa al imperialismo y ponen trabas a las importaciones, exportaciones por crear un nacionalismo infundado. Lo peor es que dificultan el envío de paquetes, contenedores, artefactos y están entorpeciendo el ingreso de divisas y mercancía producidas por el inmigrante que está ayudando al problema creado por su incapacidad. Lamentablemente tienen que pagar más dinero los familiares que se encuentran con dificultades para subsistir. Pienso que deberían hacer lo contrario y facilitar estos incentivos económicos, no como en Cuba donde la moneda CUC creada por ellos es más cara que el dólar para abusar al turista cobrando por una botella de agua que cuesta un dólar en cualquier lugar del mundo, en Cuba cuesta dos dólares para los extranjeros que se ven obligados a utilizar esta moneda fantasma de Fidel Castro para pagar su asfixiante economía. Un extranjero no puede comprar el peso cubano durante su estadía.

# CÓMO IMPLEMENTAR EL CAPITAL

Es importante resaltar las formas y maneras de implementar capital como medio de lograr bienestar y desarrollo personal. Creo que la educación económica, enfatizando en el ahorro e inversión, nace en el seno de la familia que es la primera escuela donde los padres enseñan cómo ahorrar y lograr pequeñas cosas utilizando incentivos, motivando el ahorro; por ejemplo, un juguete a cambio de una pequeña tarea, o dinero, pero no para que se gaste sino para que ponga en su chanchito o alcancía con un propósito más grande de comprar una computadora portátil o algo que le guste. Incentivarles en los estudios por sus buenas calificaciones o actividades deportivas a cambio de pequeñas recompensas que recibirán si han cumplido con lo prometido. Este entrenamiento o disciplina repercute y va a estar presente hasta cuando lleguemos a ser adultos. La educación es importante, ayuda a implementar el capital para más tarde adquirir bienes raíces, poder ahorrar en el banco, conseguir bonos de educación, bonos de retiro, empresas, en sociedades y corporaciones. Es importante diversificar para tener mejores resultados en las inversiones. Las proyecciones a largo plazo siempre traen jugosas ganancias.

Es bueno trabajar con un plan y aprovechar de las oportunidades que se presentan, por ejemplo, cuando alguien vende porque tiene que cumplir con el banco o alguien está de viaje, comprar en los remates tal vez comprar en lugares que el en un futuro tienen planes de urbanización, proyectos grandes. Por esta razón esos terrenos van a subir de valor, es decir, averiguar y proyectarse ganancias ya que no vamos a invertir ciegamente.

El manejo de dinero no es de genios, es solamente disciplina. Es importante pensar que hoy estamos saludables no sabemos el mañana, peor si algo inesperado ocurre como un accidente o una enfermedad. Por eso el salario debe ser distribuido muy cuidadosamente, especialmente siempre tener una porción para depositar en el banco como una reserva para tiempos difíciles. En cuanto a las inversiones, tratar de diversificar en diferentes áreas como bienes raíces, comprar acciones en empresas consideradas eficientes (Blue chips-empresas bien establecidas), acciones en una corporación con reputación nacional que genera ganancias en tiempos buenos y malos o S&P 500 (las quinientas mejor compañías de Estados Unidos). Crear negocios donde haya necesidad y sea un lugar estratégico, siempre ver todos los pros y contras, pero siempre correr riesgos de lo contrario no vamos a ningún lugar. También presten atención a las compañías fraudulentas que están al orden del día. Los ahorros en el banco ayudan a crear los negocios o comprar bienes, han hecho que se salga del circulo vicioso del consumismo y el manejo desordenado del dinero en el bolsillo; esto hace fácil de gastarlo y vivir semana tras semana, bajo las mismas condiciones o meses y años de pobreza sin aspiraciones, a vivir rentando y trabajando hasta morir, sin expectativas y sin ganancias, sumidos en la pobreza.

Las personas que trabajan con un plan pueden decir, "tengo una vivienda, cuento con acciones en una empresa, voy a terminar de pagar la educación de mi hijo". Así es como podemos salir adelante e incrementar el capital para vivir dignamente, pero tampoco se puede caer en extremos donde son esclavos del trabajo sin tener una vida digna, peor conocer la realidad y ser parte de la sociedad, me refiero a los inmigrantes cuando retornan a sus países de origen y lo hacen con resentimiento, juzgando como los peores países a los Estados Unidos, Italia, Australia, España, donde no tuvieron libertad porque ellos mismo escogieron una vida esclava de trabajo, sin momentos de placer ni de recreación, sumidos en el estresante trabajo día tras día, solo relacionándose en la comunidad latina sin entrar o disfrutar del entorno multicultural, diverso, socio-económico. Regresando solo a morir en su tierra natal.

La flexibilidad económica es un arma de dos filos pues mucha gente comienza a utilizar las tarjetas de crédito de forma desordenada porque no existe educación económica. Más aún cuando el balance no se paga mensualmente sino solo un mínimo. Esto facilita a seguir endeudándose no solamente en una tarjeta sino en varias, por esta razón comienza el desbalance financiero porque después de tener un historial, un récord, la competencia por clientes es agresiva y ofrecen tarjetas de crédito con ciertas cláusulas y leguaje distorsionado en letras pequeñas que por lo general el cliente no lee, o si la leyó no entendió, peor si está en inglés. Por ello es importante la educación y moderación frente a una sociedad consumista que bombardea con los comerciales. Hay que disciplinarse y poner atención a las necesidades primordiales como alimentación, vivienda, salud y educación el resto es secundario a veces innecesario. Como ir a dormir en las tiendas cuando lanzan un producto nuevo promocionado en los medios de propaganda comercial, donde hay violencia, y lo más curioso es que somos las personas de clase pobre que nos fotografían levantando un televisor, un teléfono de las últimas innovaciones del mercado. Por esa conducta mercantilista los bancos embargaron las casas a personas insolventes que no pudieron pagar sus deudas. Otra de las razones para la crisis económica de las familias fue que mintieron su estado financiero y también los precios e intereses altos ya que a los agentes de venta les interesaba su comisión y vendían a personas que a duras penas cumplían los requisitos con fraude, por lo que desde el inicio se inclinaban al embargo y caos financiero.

El programa de ayuda del presidente Barack Obama, HARP (Home Affordable Refinance Program-Programa de refinanciamiento de casas con precios accesibles), ayudaba a refinanciar haciendo un nuevo estimado del valor real de la propiedad con un interés bajo. Esto ayudó mucho pero en el inicio varios quedaron con un crédito de insolvencia que imposibilitaba realizar transacciones porque sus ingresos no se lo permiten. Es decir, se declaraban en banca rota por lo cual no podrán acceder a créditos por diez años. Este plan de ayuda benefició a los que tenían problemas de morosidad en el pago de las hipotecas con los bancos. Este programa no fue bien visto por los bancos porque sus ganancias disminuían e incluso no proporcionaban información o ignoraban a los clientes a pesar de ser los bancos parte del caos por calificar a personas que no cumplían con los requisitos para adquirir el préstamo para adquirir un bien. A partir de estas malas experiencias los bancos se volvieron estrictos para dar créditos, comenzaron a fijarse en el salario, reportes de crédito, mensuales, semanales, cuentas bancarias, recibos de otras deudas, arrendamientos, hipotecas, prohibiciones y otros requisitos.

Si nos informamos en las noticias y leyes que ayudan a las personas de bajos recursos, ahí debemos estar llenando los formularios para beneficiarnos de estos programas para seguir implementando el capital hasta lograr nuestros sueños y objetivos. Estos conocimientos van relacionados con la educación para poder comparar y analizar donde están las oportunidades, e incluso proyectarnos al futuro siguiendo el comportamiento de bolsa de valores, compañías, bienes y raíces, transporte, negocios, etc.

Cuando se hace referencia a los beneficios estoy enfatizando en becas a las cuales califica porque sus ingresos caen dentro de las regulaciones requeridas y de igual manera beneficiarse de las leyes creadas para ayudar a dueños de casas en problema por causa del sistema y sobre todo de los bancos con la anuencia de Wall Street (distrito financiero). Este conocimiento ayuda a incrementar la riqueza y no lo contrario, perder el capital y bienes.

Las leyes son claras, sin embargo existen vacíos que pueden ser aprovechados por personas o por abogados expertos en demandas que perjudican a todos, por ejemplo, existe fraude en la ayuda de alimentación, medicina, educación, vivienda, en cobranza por accidentes donde policías, bomberos y otros fingen accidentes, falsifican documentos con falsas heridas o roturas para vivir de un cheque perjudicando al gobierno, o una persona que se resbala y cobra miles de dólares, en fin, accidentes de trabajo simples que son fingidos como serios. Otro extremo es el que individuos compran casas a nombre de sus padres, para ellos por sus pocos ingresos viven recibiendo ayuda o aplican para vivienda recibiendo dinero en efectivo como salario y tampoco contraen matrimonio para poder aplicar el fraude como padre o madre soltero. Otros grupos étnicos tienen la suerte de que sus matrimonios no son reconocidos legalmente por esa razón reciben toda la ayuda y nadie dice nada, en cambio los otros con verdaderas deficiencias físicas y mentales están olvidados.

# DIVERSIFICAR LAS INVERSIONES

*"don't put all your eggs in one basket" proverb, dropping the basket will break all the eggs. No pongas todos los huevos en un canasto porque si el canasto se cae, se rompen todos los huevos. Esta expresión es comúnmente atribuida a Miguel de Cervantes (Don Quijote-1605).*

Luego de que el inmigrante ha conseguido trabajo, se ha adaptado al clima, a las nuevas costumbres, lengua y cultura, viene otra etapa que es la económica y que le posibilita manejar dinero circulante (cash), bienes y raíces y otras entradas. Es necesario administrar esa riqueza e invertir en diferentes campos puesto que necesita diversificar su economía que puede hacerse con la ayuda de un consejero económico para que sea quien lo guíe sobre el manejo del dinero e inversiones. Con esta guía puede incrementar el capital e incluso extenderse en nuevas aventuras, incrementando ganancias a corto, mediano y largo plazo. No necesariamente se recomienda utilizar un consejero económico, es opcional de acuerdo con el conocimiento y educación en esta área de inversiones.

El consejero económico le dará una guía de dónde puede invertir y coordinará con las ideas del cliente, le explicará los riesgos, también le preguntará cómo quiere invertir ya que puede ser pasivo, mediano o agresivo en un tiempo corto, mediano o largo plazo. Un buen consejero le ayudara a salir de medios obsoletos de inversión o empresas con maneras tradicionales ya muy explotadas que pueden dar igual a tener dinero en el banco o en propiedades que no ganen mayormente la plusvalía. Tomando en consideración estas precauciones de inversión, el futuro exitoso está en manos del técnico administrativo que puede tener diferentes escenarios para el cliente. Debemos estar claros que estos directores técnicos económicos se basan en el comportamiento del mercado, en proyecciones, estadísticas, y no son magos ni extraordinarios, son seres de carne y hueso que a veces pueden equivocarse y por eso la importancia de "diversificar las inversiones" ya que los que trabajamos duro cada día para ganarnos una remuneración y gastamos con precaución dando importancia a las necesidades básicas y el excedente lo guardamos e invertimos en diferente áreas.

Para invertir es importante la guía del consejero económico pero con supervisión del dueño de las inversiones ya que algunos profesionales solo están buscando su comisión y no les interesa si realmente son convenientes para que el cliente genere ganancias y rentabilidad. Paradójicamente la diversificación podemos compararla con huevos de diferentes colores en el canasto, unos tomarán valores inimaginables, otros simplemente mantendrán su valor, otros tendrán pérdidas. La diversificación genera mayores ganancias sin riesgos ya que si es que invertimos en un solo producto bien o servicio es más peligroso perder porque es la única inversión.

Es curioso y cuestionable que los consejeros de negocios (business advisors) vivan en simples residencias cerca de Manhattan o en suburbios de Nueva York, además perciben salarios modestos por eso usan servicios públicos de transporte (bus–tren) para llegar a sus oficinas o citas en hoteles cinco estrellas donde millonarios de todo el mundo, con jets privados, requieren de sus servicios, para manejar sus finanzas desde un escritorio, por teléfono, video-conferencias internet y otros medios invirtiendo en compañías que ofrecen jugosas ganancias o realizar transacciones internacionales con grandes corporaciones e inversionistas de diferentes metrópolis y países del planeta que vienen o negocian en la meca económica mundial Nueva York.

De las innumerables formas de invertir voy a referirme a los que ofrecen los bancos. Es común depositar regularmente una cantidad de dinero para nuestros familiares, especialmente destinados a la educación ya que viene a ser un rubro que va en beneficio propio si queremos formarnos en universidades de prestigio para poder competir en el mercado y ser buscados por el producto de esas escuelas y universidades. Ese excedente puede invertirse en seguros de vida así la familia no quedará desprotegida en caso de fallecimiento del jefe del hogar, al contrario, ya no tendría más facturas mensuales por la hipoteca, vehículo. Por ejemplo, además de los bancos hay otras compañías que ofrecen maneras de invertir como son los bonos (acciones), estos son con el gobierno, a largo plazo y se invierte con ganancias seguras. Otros planes son los de retiro donde se paga una cantidad mensual que es invertidas en compañías eficientes comprando acciones. Esta diversificación, en un periodo prudencial regulado en el cual no toque o venda hasta que cumpla los cincuenta y nueve años y medio de edad, puede utilizar para darse vacaciones o ayudarse para vivir con las demandas diarias que se presenten ya que las otras inversiones no fueron muy productivas o posiblemente tuvieron pérdidas.

Esta estrategia es recomendada por los consejeros económicos y se estudia en las universidades modernas como una alternativa de asegurar el futuro en la época productiva invirtiendo y ahorrando para afrontar momentos de crisis financiera y la vejez, que a todos nos llega. Suena descabellado que uno invierta en su funeral para que cuando llegue la hora todo esté pagado, así los familiares no tienen que estar en aprietos de qué hacer, la funeraria va a saber el lugar donde reposarán los restos y quien estará a cargo de todos los gastos o hasta enviar el cadáver al país de origen.

Cuando digo inversión me refiero a la diversidad, pero tómese en cuenta cuales son las inversiones que ganan siempre y están en ascenso como las empresas Blue Chips con reputación nacional, ganancias y acciones caras como Apple, Microsoft, General Electric, Facebook, Cisco, etc., u otras como S&P 500 quinientas empresas más importantes de Estados Unidos donde las acciones son casi inaccesibles por el costo y nunca pierden. Esta inversión no es imposible para muchos empresarios y personas que invierten en compañías con trayectoria garantizada. La alternativa para nuevos inversores es buscar compañías nuevas en progreso con proyecciones futuristas y es recomendable tomarse riesgos prudentes, previo a un análisis y seguimiento de las mismas.

Es importante comprobar la legitimidad jurídica previa de dónde invertimos pues está de moda el fraude donde compañías fantasmas falsifican información con ganancias jugosas que atraen a los inversores. Estos criminales sofisticados perjudican a millones de clientes que pierden todo porque la justicia siempre llega tarde y cuando son capturados ya se han derrochado el dinero o lo esconden en los paraísos fiscales como Panamá, Vanuatu, Lebanon, y muchos otros países de la "Lista Negra" (black list) donde empresarios del todo el mundo esconden dinero. Otros gobiernos no controlan el lavado de dinero y narcotráfico como por ejemplo Ecuador, Venezuela, Cuba, etc. por eso se mantienen en esta lista ya que los paraísos fiscales han servido a los políticos de Latinoamérica para que escondan el dinero robado, incluyendo a los socialistas ecuatorianos que se volvieron de limosneros a inversionistas millonarios, Jorge Glas, Ricardo Rivera y otros.

Ejemplo de estos Ponzi Scheme [35] -fraude compañías ficticias, criminales de cuello blanco (ladrones de corbata con un nivel educativo, organización y tecnología), que crean empresas falsas con documentación donde demuestran el éxito con ganancias jugosas y atractivas. Estas compañías tienen una aparente legalidad y que perjudican millones de dólares a los ciudadanos. Algunos de estos estafadores fueron empleados de empresas importantes del estado y fue ahí donde vieron la oportunidad, la fragilidad de la seguridad para cometer sus fechorías.

Otros países donde los criminales esconden su dinero mal obtenido o con fines de no pagar impuestos, son denominados “Lista Grls” (grey list): Antigua y Barbuda, Bahrain, Brunei, Dominica, Liberia, Nauru, Samoa, Trinidad y Tobago, Unidos Emiratos Árabes, en total más de ochenta y cuatro países (2017). La lista negra y gris varía de acuerdo a la cooperación en terminar estos fraudes. En estos lugares los criminales guardan el dinero ejemplo: Allen Stanford, Gerald Payne, los tres hermanos Villalobos, etc. Es irónico que algunos políticos que han sido nominados para cargos en el gobierno de Donald Trump como, por ejemplo, el secretario del tesoro Steve Mnuchin que tiene dinero en estos países, específicamente en Islas Cayman con el propósito de evadir impuestos; cuando le preguntaron los legisladores sobre este tema para la aprobación del cargo, éste respondió que trabajó a favor de los clientes lo cual era legal, en cuanto a las otras inconsistencias echó la responsabilidad a sus abogados y encargados del manejo de sus negocios (gerentes-managers).[36]

Lo lamentable para alguien que no conoce de inversiones, que tiene dinero y quiere invertir en bonos o comprar acciones en compañías, siempre estará a merced de los intermediarios agentes en las áreas

---

[35] PONZI SCHEME: El Esquema Ponzi es una operación fraudulenta de inversión que implica el pago de intereses a los inversores de su propio dinero invertido o del dinero de nuevos inversores. Este sistema consiste en un proceso en el que las ganancias que obtienen los primeros inversionistas son generadas gracias al dinero aportado por ellos mismos o por otros nuevos inversores que caen engañados por las promesas de obtener, en algunos casos, grandes beneficios. El sistema funciona solamente si crece la cantidad de nuevas víctimas.

[36] Fuente tomada de New York Times en el artículo sobre la nominación para secretario de estado. https://www.nytimes.com/2017/01/19/us/politics/steven- mnuchin-treasury-secretarynominee

de seguros, de inversiones, o cualquier simple transacción económica. Esto se ha extendido al internet donde las negociaciones tienen que ser pagadas porcentajes pequeños a los que le hacen el proceso (dealer o mediador), esto disminuyen las ganancias y privacidad. En otros casos pueden ser riesgosos porque de nuevo podemos estar al frente de criminales o profesionales deshonestos que lo involucraron en una aventura falsa o una mala transacción que genera ganancias para los consejeros económicos o para la empresa que ellos representan y un ínfimo porcentaje para el inversionista. Igual ocurre cuando uno busca un seguro de casa o de vehículo por que le tratan de dar la más cara porque su ganancia u honorarios son mejores ya que son estimados por porcentajes de la venta del servicio, es decir, mientras más caro es mejor para los agentes su salario; en cambio, el usuario compró una póliza que cubre hasta lo que no existe.

Algo curioso es cómo los criminales políticos-económicos de derecha e izquierda también diversifican en los paraísos fiscales (países de lista negra y gris). Es así como los famosos Panama Papers, Bahamas Papers salpicó a los líderes de URSS, Latino América, Estados Unidos, es también muy común ver viajes a las Islas Vírgenes, Barbados, Emiratos Árabes, etc. donde esconden su dinero obtonido ilegalmente fruto de la corrupción o fraudes.

# AUTOEDUCACIÓN ECONÓMICA

La primera escuela es la familia donde la alcancía es la primera fuente de ahorros ya que nuestros padres nos enseñan a guardar el dinero para comprarnos algo y cuando la alcancía este llena entonces satisfacer pequeñas necesidades. Después de esto vienen los conocimientos básicos adquiridos en matemáticas que son las únicas herramientas: suma resta, multiplicación y división. Esto es lo que necesitamos para manejar nuestro dinero, y añadirle a esto la lectura para informarnos de los periódicos, qué es lo que pasa en las finanzas y también dónde están vendiendo de oportunidad o por lo menos comparar para ver el comportamiento del mercado. Ahora, si seguimos con un poco más de interés recurriremos a los editoriales económicos, sin olvidar que la economía está relacionada con lo político y social. Por ejemplo, los barrios pobres están llenos de crimen, drogas; esto pasó en lugares conocidos por mí en Manhattan, en Brooklyn, Harlem, Queens casi en toda la ciudad de New York donde hace veinte años nadie compraba en estas propiedades, más bien las vendían. Para quienes las compraron sus valores se duplicaron, en cambio para los que vendieron se lamentan por esa decisión. En lo político nadie invierte en Cuba, Venezuela y todos estos del ALBA, UNASUR, ni los socialistas del siglo XXI, al contrario, sus capitales lo llevan a los países imperialistas o paraísos fiscales.

Es necesario auto educarnos con respecto a las finanzas, sobre el comportamiento del mercado, informarnos de los editoriales económicos, en la televisión, radio, internet, conferencias, escuelas, cursos rápidos pero sin olvidarnos que la economía está relacionada con el ámbito político (gobiernos) para atraer capitales e inversión, incentivarles, brindar seguridad o quitársela, perseguirles, expropiarlos. La opción más fácil es recurrir a los periódicos a la sección económica para ver qué opinan los expertos o directamente al área que desea comparar y analizar en su computador, puede ser, por ejemplo, un vehículo del cual necesita saber el año, kilometraje, condiciones, accidentes, etc. También podemos encontrar información de compañías que están en auge en sus informes de ganancia o signos de que están marchando bien, nos dan la pauta para poder invertir o comprar acciones. El avance tecnológico en el caso de precios de vehículos, tiene la ayuda de Kelly Blue Book donde todas las marcas están evaluados de acuerdo a criterios como: millaje, año, condición, y otros, esta página cibernética le da el valor real.

Otra como Carfax le da el historial (accidentes, dueños, mantenimiento y más). De igual manera se puede hacer una búsqueda para tener información cuando queremos comprar una casa, este sitio se denomina el listado MLS (Multiple Listing Service Access- Acceso de servicio de varios listados), donde pone la dirección y puede ver las casas de venta, además se puede comparar con similares casas vendidas o en venta lo cual nos ahorra tiempo y dinero para tomar la decisión correcta. Este servicio existe en la mayoría de países. Como podemos ver, todo se puede hacer desde un escritorio gracias a la tecnología.

Siempre nuestros padres, los profesores, los administradores nos tratan de enseñar cómo manejar el dinero en base de un presupuesto, por eso debemos ser cautelosos con nuestro ahorros ya que el capital puede generar ganancias aún que los momentos sean difíciles como en épocas de recesión económica y crisis mundial por que cambia la oferta y demanda, pero siempre estamos consumiendo en crisis ya que seguimos alimentándonos, transportándonos, vistiéndonos. Es decir, la rutina es normal con un presupuesto menor a los que teníamos en época de abundancia y en estos tiempos es cuando nos educamos, valoramos a los bienes y servicios. Es notorio como los valores de las acciones son accesibles, las propiedades en venta, aquí es cuando se debe aprovechar para invertir, es momento de mover las piezas de ajedrez y correr riesgos cautelosos, analizados y ya cuando las inversiones vuelvan a su normalidad es ahí que veremos los frutos cuando el mercado regrese robusto generando ganancias, así es como los grandes inversionistas ganan dinero.

El desarrollo tecnológico como el internet ayuda a prepararnos y tener idea en el tema específico que nos gusta y también es un medio de comunicación, por ejemplo, ya no tienen los magnates y expertos que estar presentes en las grandes conferencias o transacciones ya que utilizan el video conferencia para negociar, enseñar e intercambiar opiniones, incluso recomendar a otros expertos. Con este sistema tienen más tiempo para negociar trabajar menos y generar mayores ganancias como si estuvieran negociando frente a frente o mediante video conferencias.

En los momentos actuales el internet a desarrollado y ayudado a negociar con precios reales, ya no existe el regateo sino que acude a compañías grandes como eBay, Amazon, y otras intermediarias o va directo al productor del artefacto. No existe el regateo o el abuso, al contrario, tiene tiempo para comparar y decidir la tienda o servidor que le da a menor precio y servicio.

La economía tiene sus altos y bajos e incluso va en espiral, es decir, hay muchas formas de ilustrar y de analizarlas por eso es recomendable tener un capital o crédito para aprovechar cuando creemos que, por ejemplo, la recesión llegó al punto más bajo e incluso los intereses están baratos. Los expertos en este momento invierten y aprovechan de este comportamiento económico, otros tantos lo hacemos simplemente por coincidencia. Voy a poner un ejemplo que pasó en los entre los años 1990 - 2000, en Estados Unidos existió un boom de bienes y raíces entonces se compró casas por la facilidad de préstamo que los bancos ofrecían, lamentablemente nadie se percató que la pirámide estaba en su máximo punto de crecimiento. Se compraron propiedades al precio más alto y en corto tiempo llegó la recesión y los valores inflados tomaron el valor real, complicándose aún más cuando no había trabajo. Las empresas se pusieron en crisis, la gasolina por las nubes, el gobierno tomó medidas de austeridad para salvar la crisis como reduciendo asistencia social, bajando los intereses para reactivar la economía. Las personas deseaban refinanciar, pero los bancos ya no fueron fáciles y exigían muchos requisitos y si eran aceptados se daban cuenta que el valor de una casa comprada en seiscientos mil dólares ahora costaba cuatrocientos mil dólares. Igual sucedió con las acciones y bonos que bajaron en valor y quienes tenían invertido o contaban con cien mil dólares ahora tenían la mitad. Estas personas que estaban listos para jubilarse fueron engañados o invirtieron sin darse cuenta de que se acercaba una recesión y tuvieron que volver a trabajar porque perdieron sus inversiones y casas compradas con sus ahorros, unos engañados por personas inescrupulosas o Ponzi Schemes- inversión fraudulenta como en el caso de Bernard Madoff quien perjudicó en sesenta y cuatro billones o Allen Stanford quien perjudicó a sus clientes en otro monto similar, etc. Otras personas sufrieron por no tener educación económica en diferenciar entre fraude y realidad, por eso es necesario saber cuándo, cómo, dónde y a quién comprar o vender.

Los expertos inversionistas no siempre ganan, pero sí tienen la capacidad de recuperarse porque sus inversiones son diversas, además, siempre están en buenas condiciones de crédito y pueden negociar con los bancos en momentos caóticos. Para la gran mayoría los bancos son estrictos y para las personas que no cumplen con los requisitos o para quienes no cuidan su conducta o comportamiento financiero (historial de crédito), las oportunidades se desvanecen. Una persona solvente aprovecha esta oportunidad y compra e invierte es decir, él está haciendo dinero en momentos de crisis. No vamos a juzgar esta injusticia, simplemente tenemos que educarnos aprender y también corrernos riesgos, siempre disciplinados con nuestros ahorros porque si no lo hacemos, no vamos a ningún lado. Por ejemplo, si tengo diez mil dólares para comprar un bien y espero unos años por inseguridad, este bien va volverse inalcanzable porque su precio subió diez veces más; en cambio, el banco paga intereses bajos, más la inflación. El concepto de riesgo es importante para la toma de decisiones en los negocios. Las ganancias siempre están allí en épocas de recesión y en crisis porque la baja de costos permite comprar a otros que siguen el comportamiento del mercado que aprovechan de esta fluctuación de la curva en espiral de tiempos buenos y malos.

Otras formas de buscar un camino de cómo llegar a ser exitosos o por lo menos, tener los medios para mantener la familia es educarse y buscar programas de ayudas sociales que existen como de vivienda, alimentación, educación, medicina, etc. Estos programas están allí y posiblemente al gestionarlos califique. Estos beneficios ayudan al enriquecimiento físico y más que todo intelectual de los hijos, que con este pequeño empuje pueden asistir a escuelas, colegios, universidades de mayor prestigio para que sean unos profesionales competitivos que ayudarán a sus padres, la familia y orgullosamente al país y no se queden a medio de la carrera porque se acabó el dinero, el financiamiento de la beca. Últimamente la ayuda social a personas que si tienen derecho, ciudadanos estadounidenses aunque sean hijos de padres indocumentados, se ha visto disminuida por temor de que sean deportados o investigados no acuden a estas oficinas. Estas agencias gubernamentales han reportado menor número de solicitudes y aplicaciones las mismas han hecho un llamado a que reclamen lo que les corresponde y no tengan recelo.

Como norma no se debe comprar los productos cuando recién salen al mercado, cuando están de moda, ser los primeros en comprar un celular de Apple u otro artefacto electrónico, debemos esperar que bajen los precios y termine esa fiebre de gastar sin sentido. Otro comportamiento observado en individuos es que cuando hagamos un negocio debemos controlar nuestra ansiedad por el exagerado interés, porque estamos expuestos al abuso por parte de la otra parte para tomar ventaja y cerrar el negocio sin analizar, sino únicamente llevados por los sentimientos y no utilizamos los cinco sentidos.

La salud es el fundamento para cualquier actividad; "mente sana cuerpo sano". La salud es una inversión, claro que cuando somos jóvenes derrochamos energías y cometemos errores que repercuten en el futuro, pero por eso es necesario tener una dieta que ayude a nutrir y satisfacer todas las necesidades biológicas de minerales, proteínas, vitaminas requeridas por el cuerpo para que responda al trajín diario. Además, poner énfasis en la actividad física que el cuerpo requiere para que funcionen los músculos y todo el organismo, quemando la grasa y toxinas que son causantes de enfermedades cardíacas por el desconocimiento de qué consumimos y el no ejercitarnos.

En el siglo que vivimos está de moda la comida chatarra (fast food) como McDonald's, Kentucky Fried Chicken KFC, Subway, Burguer King, etc. También evitar otros venenos atractivos como las bebidas con cafeína que supuestamente dan energías como son las sodas, caramelos, red bull, medicina al alcance del público sin receta desde un mejoral, anti-gripales, anti- inflamatorios, rejuvenecimiento, mejorar la vida sexual, etc.; causantes de alteraciones en la salud. También evitar los productos de engrandecimiento muscular artificial como bebidas que acaban con el hígado, estomago, riñón, etc. Esteroides tomados por atletas para multiplicar el rendimiento también son dañinos, recuerden en las olimpiadas de Brasil la representación rusa fue noticia y penada por el uso de sustancias prohibidas, también lo hizo en Sochi en la URSS para obtener resultados extraordinarios. Últimamente en las olimpiadas de Corea del Sur volvieron a cometer esos errores a pesar de estar sancionados.

Después de los ejemplos y escenarios expuestos, es importante tener un plan de seguro médico para que cuando ocurra una calamidad o enfermedad, este alguien encargado del pago (cheque-cuenta), de lo contrario es inaccesible con los precios del negocio de la medicina a nivel mundial. Internacionalmente en Ecuador, América Latina, tercer mundo hacen negocio redondo de los migrantes que regresan a su país de origen en las clínicas privadas sobre todo las de cirugía estética. Otra alternativa es tener toda la documentación para que si se quiere utilizar los servicios públicos esté listo para la burocracia de los hospitales y clínicas, de lo contrario puede morirse si quiere adjuntar la documentación al último momento donde a veces carecen del material para emitir documentos. Por eso es aconsejable invertir en una buena salud con un horario de ejercicios para que trabaje el cuerpo aprovechar de los centros deportivos, gimnasios, yoga y cantidad de actividades deportivas que ayudan a combatir el estrés, la obesidad, enfermedades cardiacas, ejercitar es un ejemplo sano a seguir entre amigos y miembros de la familia.

Es importante encontrar un plan médico que satisfaga nuestra necesidad y no afecte al bolsillo, hay que buscar un plan que califiquemos con nuestros ingresos o si es que se tiene que pagar sea el mínimo. Para esto hay que dedicar tiempo para dar pruebas que son requisitos en las aplicaciones (formularios). La mayoría no se informa y por esta razón no tiene un seguro médico dejando que estos fondos vayan a parar a las clases medias que sí tienen recursos, pero se habilitan formas para calificar.

Otros hacen fraude con falsa información alegando de falsas dolencias, enfermedades y discapacidades a esto se agrega el crimen organizado de clínicas y médicos que cobran por exámenes nunca realizados y una serie de fraudes a mayor escala, generando millones de dólares de pérdida.

Otro problema o vicio que se nos pega con facilidad es la adicción al juego de la lotería en todas las formas y precios, comenzando con casinos hasta simple boletos de un dólar donde promocionan muchos premios. Si no nos ponemos listos esta es una inversión descabellada que a veces gana un pequeño porcentaje, pero nunca recupera ni siquiera lo que ha invertido, así sea poco. Otra forma de derrochar efectivo (cash) son los lugares de distracciones como bares, discotecas, strips clubs, lugares donde le mandan "desplumado" y si esto lo hace con frecuencia termina en la calle.

Pondremos un ejemplo: en Nueva York existen bares donde por bailar le cobran dos dólares y cuando le brindan un trago el precio se multiplica cuatro veces de cinco dólares a veinte dólares. Estos bares están llenos de damas que viven de esto por no trabajar dignamente y a esto se agrega la prostitución ilegal con peligro de contraer enfermedades venéreas, Sida VIH, Hepatitis y otras enfermedades infecto contagiosas que son expuestas a nuestra comunidad Latinoamericana con poco nivel educativo, sencilla, que es abusada y explotada hasta por el mismo grupo inmigrante. Como los denominados, pastores, shamanes, testigos de Jehová, mormones y otras denominaciones de estos líderes “religiosos” que explotan y abusan a fieles ingenuos que predican inconscientemente manteniéndoles aceptando la pobreza con el conformismo. (La religión es el opio del pueblo[37] 1844 Karl Marx).

Finalmente, la drogadicción y el alcoholismo. Principalmente la droga es tomada como referente porque ven que un norteamericano fuma, se inyecta, inhala o vieron una película o comerciales de televisión donde los actores tienen tatuajes, corte de pelos extravagantes, tintes y uso de estupefacientes (mariguana, cocaína, lo que le ofrezcan) e inconscientemente siguen toda esa conducta sin una razón del ¿por qué?.

Otra conducta desordenada es la de jugar la lotería o papeletas de raspar para buscar si tienen premios, una adicción donde las posibilidades de ganar es una en un millón.

El alcoholismo es el problema mayor de ecuatorianos y mexicanos, en cambio las drogas, la prostitución y su distribución está en manos de centroamericanos que no puedo mencionar por discreción. En conclusión, de todo tiene la viña latinoamericana.

El internet está lleno de sitios pornográficos y de prostitución donde carteles se aprovechan del tráfico ilegal humano para este propósito donde hacen millones de dólares. Este crimen organizado es perseguido por la justicia con resultados ínfimos ya que estas organizaciones con sus lugares clandestinos de masajes, terapias, acompañantes de diferentes razas y países etc., abundan en las páginas de craigslist.org, backpage.com y muchas más. Últimamente en el 2018 fueron cancelados estos sitios; pero me imagino se ingeniaran formas de promocionar en: Instagram, Facebook y otras; pero finalmente les dieron un golpe a esta mafia mundial que fácilmente circula en los países de Europa donde no requieren mayor documentación para ingresar a los Estados Unidos se les facilita hasta para que vengan a dedicarse a esta actividad.

---

[37] https://es.wikipedia.org/wiki/Opio_del_pueblo - Quote - Karl Marx

# SEGUROS

Los seguros son instituciones o compañías de protección de bienes, servicios, personas, familia, etc. ante posibles pérdidas y accidentes. Están ligados a un sin número de casos y cláusulas que el asegurador es responsable de acuerdo al contrato, condiciones, circunstancias, deberes, obligaciones, firmadas o convenidas mutuamente de acuerdo a las necesidades y al bolsillo del cliente. Se puede pagar un cien por ciento de cobertura innecesaria, como por ejemplo el asegurar un carro viejo con cobertura completa lo cual es algo descabellado. Esto va a criterio y honestidad del asegurador para hacer los contratos y explicarle por cual seguro debe optar y cómo va a ser compensado ya que en ese mencionado vehículo se pudiese poner un seguro que legalmente le exigen para que el vehículo pueda transitar únicamente (liability- lo básico). Los seguros tienen categorías que cubren todo o solamente ciertas partes de acuerdo a la necesidad del cliente.

Tempranamente estos seguros fueron creados y utilizados por chinos y babilonios en el milenio tercero y segundo antes de Cristo; en cambio los seguros de funeral fueron creados por los griegos y romanos en el 600 DC. Estos utilizaban aseguradores en el comercio para que su cargamento llegue a su destino, especialmente en casos de naufragios, robo, ataques de piratas y dar seguridad a la mercancía.[38]

La búsqueda de un seguro es muy fácil así como también escoger uno que se ajuste a sus necesidades y capacidad económica. Lo primero sería buscar las compañías que ofrecen el servicio; segundo, seria seleccionar a la compañía que satisface las demandas del consumidor; tercero, muy importante leer y releer por que pueda ser que este comprando algo superfluo, por esa razón el precio subirá. Si es que está un consejero económico a cargo de este trabajo, se debe tener mucho cuidado de no dejarse engañar haciéndole comprar algo innecesario solamente porque él gana un porcentaje mayor, además, ellos ganan simplemente por seleccionar la compañía y el precio más conveniente por una póliza (un paquete de ofertas) similar en compañías más reconocidas en Estados Unidos: Geico, Allstate, Empire, Liberty, etc. Es aconsejable usar las

---

[38] Información tomada de https://en.wikipedia org/wiki/Insurance#History

mencionadas compañías porque a veces las pequeñas todavía no tienen solvencia y probablemente podemos tener problemas.

Cuando escogemos una póliza de seguro debemos optar por una compañía que cubra el valor de la propiedad ya que, Dios no quiera, ocurra un incendio, inundación, terremoto y tengamos que reclamar al seguro por una compensación completa de la propiedad o bien y si algo no estaba especificado o si el valor estaba reducido con el fin de tener un seguro barato, estaremos ante un escenario de perdida porque no escogimos debidamente una póliza que se ajuste a la realidad, esto puede ser error personal o del asistente económico (broker-persona que compra bienes y servicios para otros como el seguro). Las compañías de seguros son amplias y cubren muchos bienes, así podemos tener la misma compañía de seguro para la casa, el vehículo y de vida, etc. A continuación voy a enumerar algunos seguros: seguro del vehículo, seguro que cubre lo que otro seguro no cubre (gap), seguro de salud, seguro de protección de ingresos, seguro de casualidades, seguros de vida, seguro de funeral, seguro de propiedad, seguro de crédito y otros.

Como ilustración voy a mencionar algunos casos de fraude en los seguros es cuando ocurre accidentes pequeños donde las personas mienten y le hacen grandes problemas al patrón, corporaciones, estado (policías, bomberos, etc.) y otros declarándose inválidos (falsas lesiones y demencias) por causa del accidente para no trabajar y recibir compensaciones millonarias. Esto ocurre en el sector público y privado ya sea de las compañías de seguros o individuos con abogados que crean litigios que cuestan billones de dólares a las compañías apoyados de sindicatos, organizaciones sociales y, como consecuencia de esto, los precios de seguros suben. Otra práctica dolosa es aquella que aseguran con un valor superior del real y cobran su seguro destruyendo la propiedad. En el área de salud el fraude se hace fingiendo muertes para cobrar el seguro (desaparecen) y a veces se les encuentra en algún lugar recóndito disfrutando del botín; otros tantos desaparecen con cómplices, cobran el dinero del seguro y a los cinco años aparecen fingiendo demencia. El crimen no tiene barreras ya que por cobrar los seguros matan a sus parejas, padres, etc. Los médicos cobran por servicios especializados (exámenes) que nunca fueron ejecutados y miles de demandas de compañías de seguro y asegurados.

En el seguro de vehículos también se crea falsos accidentes de tráfico o se crean falsos reportes policiales para cobrar los seguros al extremo de que en Rusia un individuo se lanzó en frente del vehículo para cobrar el seguro, por eso ahora las personas que tienen vehículos caros en URSS tienen instaladas cámaras para tener pruebas, evidencia ante posibles intento de fraude por ende demandas. La justicia se ha percatado del fraude, por eso ahora existe un control un seguimiento con agentes encubiertos y reportes médicos, es decir el afectado o demandante tiene que presentar evidencia para lograr una compensación. También tienen en cuenta el papel de personas, buffet de abogados dedicados al fraude. Además, la tecnología sirve en los procesos como reportes médicos, reportes psicológicos, cámaras, videos, GPS, en general la cibernética, etc.

Estos fraudes encarecen los seguros, más el welfare (asistencia social) que con complicidad de los sindicatos (policías, bomberos, trabajadores de la ciudad, etc.), organizaciones sociales que instigan con programas gratis, demandas, obligaciones, aplicación de leyes en contra de dueños de casas, pequeños negocios, transportistas, otros. Esta corrupción hacen ciudades, naciones caras e inseguras, que hay que abandonarlas a donde haya seguridad con impuestos baratos y vivir con tranquilidad.

# EL SISTEMA DE IMPUESTOS DE LOS ESTADOS UNIDOS.
## EL IRS (Internal Revenue Service)

Este sistema controla que las personas, empresas, corporaciones, etc. paguen sus impuestos tanto federales (a nivel nacional) como estatales (estados de la unión). La declaración de impuestos se hace anualmente ante un contador, este llena los formularios de acuerdo a los ingresos y egresos. Es importante buscar un especialista o compañías que se dedican a esto como lo es H&R Block. Estas empresas calculan los impuestos individuales basándose en tablas pre- establecidas para el cálculo de las planillas que son enviadas en un período establecido por este departamento para evitar penalidades o problemas y después de que la persona hace su declaración ya sabe cuánto van a devolverle o cuanto tiene que pagar de impuesto federal o estatal. En los últimos años se ha facilitado este proceso para declarar los impuestos en línea usando el internet si es que su declaración es simple y no tiene muchos bienes, inversiones o dependientes (personas que están a su cargo padres, esposa, hijos y más) y lo puede hacer bajo su propia responsabilidad. Nunca ha sido requisito pagar un agento pero es aconsejable para evitar complicaciones. Si es que el gobierno va a devolverle algún dinoro se toma un promedio de dos semanas de lo contrario sería de llamar a esta oficina para saber qué ha pasado.

Tener mucho cuidado con los arregla papeles o profesionales deshonestos que hacen declaraciones fraudulentas con el fin de obtener más dinero para el cliente y para su beneficio. Esta práctica que puede poner en una situación legal difícil, nadie desea enfrentarse a esta oficina por eso dicen: “no se meta con el IRS”. Si es que no se cumple con esta oficina, las leyes se aplican con rigor, hasta que paguen los impuestos y en estos casos es necesario recurrir a un abogado experto en esta área para que negocie la forma de pago o evitar la prisión del individuo de acuerdo a la gravedad. También puede ser que las planillas hayan sido reportadas incorrectas con fraude por error o intencionalmente. Las penalidades por error son menores, es decir, las penalidades difieren (monetaria-prisión) de acuerdo a la categoría establecida. Solo Donald Trump se da el lujo probablemente no pagar por más de dieciocho años de impuestos porque utiliza a su favor las especificaciones oscuras de la ley y también conoce mucho de las leyes de impuestos que arregla para que el código de impuestos le proteja.

Además, se acoge a las leyes creadas para salvar los bienes y raíces cuando estuvieron en crisis. Donald Trump justifica y alega que sus impuestos están en litigio en las cortes[39] .

De igual manera las corporaciones no pagan. “Is Amazon Too Big to Tax? ” ¿Es Amazon muy grande para no pagar los impuestos? El gigante de ventas a través del internet pagó cero en impuestos federales en 2017. Además, es premiado con las leyes recientes de Donald Trump dándoles incentivos en billones de dólares a nivel estatal y local, para el colmo tuvo una rebaja de los impuestos del treinta y cinco al veinte por ciento mientras esta corporación [illegible] y anuncia la apertura de nuevas sucursales al mando del gerente más rico en la historia del mundo, Jeff Bezos que evita a toda costa publicar sus ganancias para evitar pagar impuestos en diferentes niveles. Esta evasión de impuestos no es nueva para Amazon. Este coloso ha utilizado las leyes locales y federales en su beneficio explotando los vacíos de las leyes.

Existen como ciento cincuenta clases de penalidades civiles en el Código del Servicio de Rentas Internas y curiosamente ninguna se aplica a Donald Trump, en cambio para el ciudadano común y corriente el sistema de impuestos de Estados Unidos aplica todo el peso de la ley. Es habitual decir que los inmigrantes indocumentados no pagan impuestos y hasta se nos acusa de ser parte de la crisis y carga de este país. No señores. La gran verdad es que los inmigrantes indocumentados pagan doce billones de dólares cada año por concepto de impuestos. ¿Para qué? Posiblemente con la esperanza de que algún día si tienen problemas legales puedan demostrar que pagan impuestos con la ilusión de conseguir el estatus legal donde el pago de impuestos es un requisito importante.

Una recomendación para los pequeños empresarios que a veces no separan las ganancias con el impuesto a las ventas del producto (sales tax) que ellos venden, son cosas totalmente diferentes que debemos tener cuidado para no enfrentar problemas, por eso es necesario un contador que les asesore, porque este impuesto no es ganancia.

---

39 Información tomada de https://www.nytimes.com/ 2016/10/02/us/politics/ donald-trump-taxes.html
Información tomada de https://newrepublic.com/article/147249/amazon-big- tax

# USAR EL CAPITAL FINANCIERO EN BENEFICIO PERSONAL

Es muy cierto que nadie tiene el dinero completo para comenzar una aventura pero con la experiencia adquirida de cómo lograr un buen crédito es suficiente para comenzar a trabajar en el proyecto y no depender de un jefe y un horario estricto diseñado por el dueño o compañías. Ahora voy a trabajar para mí mismo, con mi propio horario, en beneficio personal, aplicando el conocimiento del trabajo anterior o trabajos anteriores.

Con un currículum de conocimiento económico se puede tomar una serie de beneficios que ofrecen entidades financieras como son bancos, tarjetas de crédito, acciones, hipotecas, almacenes, individuos e instituciones privadas que se dedican a este negocio de prestar servicios y dinero con intereses. Vamos a manejar el dinero responsable y honestamente porque no podemos perjudicar a las instituciones e individuos que nos confiaron y tampoco queremos caminar para atrás como el cangrejo perdiendo las inversiones y el negocio adquiridos a crédito.

En los últimos tiempos se ha observado casos de estafadores bien organizados que han logrado burlar a instituciones privadas y al gobierno llevándose millones de dólares como es el caso de Bernie Madoff, Allen Stanford y otros que están siendo investigados ya que estos perjudicaron a mucha gente e instituciones. En nuestro caso tenemos que ser honestos e invertir para producir ganancias con más trabajo en un negocio propio, incrementar el capital y pagar los créditos. Este sistema existe en todos los países del mundo de mercado libre basados en la oferta y demanda. Los bancos que ayudan al pequeño artesano, empresario y corporaciones a iniciarse en sus negocios, lo único que antes de comenzar deberíamos hacer un análisis de todos los aspectos para no fracasar y necesitaríamos de un consejero económico para comenzar la empresa, aunque no es un requisito, pero ayuda con seguridad y confianza. También las organizaciones sociales y empresas dan seminarios a los emprendedores incluso las compañías como Home Depot entrena a plomeros, carpinteros y así en su orden muchos lugares para educarse y entrenarse.

El hecho de comenzar una nueva empresa no significa que vamos a hacernos los jefes o vamos a trabajar menos, el trabajo se multiplica así como las responsabilidades económicas y sociales. Al inicio se vive momentos difíciles en el nuevo negocio hasta, por ejemplo, lograr ser reconocidos, soportar la competencia de empresas ya establecidas, más el hecho de pagar nuevas planillas cada mes, pero después de este esfuerzo estamos listos para otros retos en el área de negocios o crecer y abrir una sucursal ya que siempre vamos a tener presente la idea de diversificar las inversiones en las empresas que presentan mejores oportunidades.

Todos tenemos metas, planes de superación, especialmente de independencia económica y para ello es necesario tener un entrenamiento o estar educados en cómo manejar el dinero y la distribución del mismo bajo un plan para proyectarnos al futuro evitando posibles inconvenientes. No digo que se debería ser pesimista porque ahí no iremos a ningún lugar y hay que enfrentar las dificultades. Tampoco olvidemos las palabras mágicas en negocios: planificar, tomar la decisión y consiguientes riesgos. Esto nos ayudará a pasar del punto A al B donde logramos una "independencia económica", entre comillas por que lamentablemente los bancos, compañías, individuos serán los favorecidos porque siempre van a estar prestando o creando un círculo vicioso de dependencia, pero nosotros vamos hacer esta dependencia productiva para tener ganancias que permitan pagar los gastos. No queremos perder el capital y lo más valioso los acreedores, el buen crédito y la solvencia.

Últimamente en el New York Times había una información referente a instituciones privadas e individuos que tratan de ayudar a sociedades pobres a sobrevivir y crear independencia en la India y Perú. Estas organizaciones ponían énfasis en la educación económica, primero instruían a las personas con un seminario de cómo van a lograr ese objetivo, esa transición tan difícil de pensar y actuar individualmente hacia un cooperativismo. Estos aventureros van a las comunidades y ayudan en la agricultura y la producción (auto-abastecimiento) que es para la misma comunidad que consume el producto, que es saludable y orgánico. Esta iniciativa ayuda a crecer, pero primero se necesita una educación empezando con convencerles a participar en charlas. Lamentablemente estos proyectos se terminan cuando los voluntarios regresan a sus países de origen por falta de liderazgo, algunos de estos proyectos han subsistido esporádicamente. El artículo sobresale el pequeño éxito pero hace énfasis en el liderazgo. Yo diría que en el manejo del dinero para que subsistan y crezca esta forma de cooperativismo aunque contradictorio a la idea del libre mercado e independencia económica en la toma de decisiones; pero en este caso el capital extranjero fue provechoso en bien colectivo.

Los líderes deben ser personas honestas, preparadas en finanzas, cuando un capital es depositado en manos de ellos. Deben ser manejados conscientemente sin olvidar el propósito y objetivo asignado por la entidad auspiciadora como fue la producción para abastecer las necesidades locales, luego crecer y tratar de abastecer y ayudar a la región y, por qué no, la exportación. Todo depende de la consolidación del grupo y el trabajo en equipo. Lamentablemente estos proyectos han fracasado en América Latina y en los países del tercer mundo porque no se consolidan líderes con valores, con responsabilidad que piensen en el crecimiento y autogestión del grupo de beneficiarios del proyecto.

Cuando me refiero a educación no es necesario un título universitario, me refiero al conocimiento básico de las cuatro operaciones matemáticas y lectura, para aplicar en el análisis de una cuenta bancaria para ver qué intereses están cobrando, cuánto cobran por los servicios, ver los depósitos, egresos, balance mensual. En fin, se puede hacer comparaciones utilizando este simple conocimiento matemático que permite ver las ganancias o pérdidas y, sobre todo, identificar los problemas de un negocio como gastos innecesarios. Al inicio de una aventura de un negocio siempre se tiene que pasar momentos difíciles por eso muy pocos quieren tomar riesgos y enfrentar esas responsabilidades.

El otro caso es estudiar e ir a la universidad para obtener un título, cumplir con un pensum de estudios, aprender materias que respalde la carrera y otras asignaturas que quizás nunca van a ser aplicadas en la vida real y lo único que hace es complicarnos y reducir el número de graduados y crea al final titulados sin plazas de trabajo que tienen que hacer cualquier cosa para subsistir menos trabajar para lo que fueron preparados (graduados); al final terminan en compañías donde le imponen sus reglas sin la posibilidad de ascender con horarios estrictos, vacaciones cortas, salarios bajos que hacen que se arrepientan de haber perdido el tiempo en una educación no competitiva. La educación es importante y por qué no aprovechar si es que es auspiciada por el Estado en parte aunque lo ideal sería si fuera pagada totalmente con becas, pero lamentablemente este programa es limitado o inexistente. Una opción sería buscar préstamos con buenos términos y con intereses bajos para poder pagar en corto tiempo y luego integrarse al mercado, admitiendo que es difícil pero no imposible cuando se lucha por las metas trazadas.

El objetivo de mi tratado es demostrar cómo manejar el dinero, cómo, cuándo y dónde; además, es importante memorizarse la palabra diversificar las inversiones que pueden ser en bienes y raíces, negocios, en compañías comprando bonos y acciones. Tratar de buscar el momento perfecto para no fracasar y perder el dinero (capital) producto de prestaciones. Se puede invertir comprando cuando la mayoría de gente no tiene dinero, los bancos están estrictos por eso la importancia de un crédito perfecto. Al contar con dinero para la inversión se aprovecha de circunstancias de recesión y sobre todo fijarse en la conducta del mercado y sus proyecciones, estar conscientes que los ciclos económicos se repiten en forma espiral puesto que vienen tiempos buenos y malos. La compra de bienes y raíces es la forma más fácil porque se invierte una sola vez y solamente paga los impuestos y espera ver la ganancia a largo plazo, si es un especialista de esta área debería haber comprado en una zona donde van a realizarse obras de infraestructura, complejos, deportivos, comerciales, etc. estos adelantos darán un valor a los terrenos inimaginables por la plusvalía.

Es muy cierto que nadie tiene el dinero completo para comenzar una inversión, pero el banco va a ser el que nos provea el capital y tan solo se necesita disciplina en el manejo del dinero. Con la buena reputación, aumentan las oportunidades para pedir recursos, por ejemplo, si quiero comprar un vehículo utilizaría la tarjeta de crédito para la entrada o comprar a plazos sin haber tenido dinero y se puede contar con un medio de transporte que va a producir ganancias, placer y va pagarse solo. Utilizaría las promociones que dan las tarjetas como, por ejemplo, cero intereses por un año. En ese momento estamos utilizando el capital ajeno en beneficio personal, solo que mucho cuidado con el plazo, intereses, penalidades y otras especificaciones en letras pequeñas de lo contrario le cobran lo que ofrecieron gratis y más.

Otro ejemplo de cómo utilizar dinero es poner la casa en empeño utilizando el equity (valor de la casa pagado más la plusvalía) sin contar la deuda. Esta cantidad pagada, más el crecimiento en el valor, está disponible para una nueva aventura y tomar riesgos. Y, si es que no tuviera la cantidad todavía, existe muchas otras oportunidades como son otras tarjetas de crédito que pueden ser utilizadas con mucha precaución y las mismas ofrecen cantidades considerables no sólo para transacciones sino también brindan dinero en efectivo para muchos propósitos sin mucho papeleo porque ellos tienen la información de solvencia del cliente. Con disciplina se puede juntar mucho dinero para el negocio en mente, o, hasta tomarse unas vacaciones.

Algunos inmigrantes han utilizado estas ventajas en objetos suntuosos o superficiales debido a la poca educación económica que sin un presupuesto han invertido en bienes materiales como carros, cirugías, tatuajes, clubs, cabarets, casinos, drogas, alcohol, abogados, prostitución, etc. Lamentablemente por esta conducta desordenada a nuestra comunidad le han embargado las casas y los vehículos, también han tenido problemas financieros con las tarjetas de crédito, problemas legales, prisión, rehabilitación, etc.

Algo sin sentido ocurre con las tarjetas de crédito y entidades financieras. Un ejemplo simple es de cómo pueden ofrecer tarjetas de crédito a personas que están recibiendo ayuda del gobierno llamadas welfare. Estos individuos trabajan fraudulentamente pocas horas para mantenerse con la ayuda y su salario es en efectivo. Un porcentaje conveniente es pagado en cheque para justificar el resto de beneficios y ayudas; con este ingreso a duras penas les alcanza para la renta si no existiera la ayuda del gobierno no podrían subsistir. Las instituciones financieras o los bancos que ofrecen préstamos a personas insolventes, ellos no pierden el crédito, ellos suben las tarifas de los intereses y los recargan al resto de usuarios del crédito que tenemos que pagar más intereses, más impuestos para solventar estas políticas erróneas de las instituciones financieras.

La indisciplina financiera es causante de homicidios vistos en los titulares de noticieros y periódicos donde alguien se suicidó porque está endeudado y no quiere ir a prisión, pero tampoco quiere afrontar socialmente. Por eso deberíamos disciplinarnos y buscar formas de mejorar la capacidad adquisitiva, por ejemplo buscando los especiales en ventas. Estas se encuentran porque las empresas no han vendido lo que esperaban, entonces este excedente tiene que ser vendido porque vienen nuevos productos o diferente estación del año lo cual hace que las necesidades cambien o simplemente el lanzamiento de un nuevo producto como los famosos teléfonos de Apple donde el iPhone 7 es reemplazado por el 8 o el iPhone X, el cual es promocionado agresivamente lo que hace que el mercado necesita vender el nuevo producto con contratos que aseguran una relación del cliente y el almacén.

Esta limpieza de las bodegas, para un cliente inteligente, tiene un impacto positivo de ahorro porque compra un producto de calidad y reputación mundial, además, no existe una gran diferencia entre los dos productos. Lo mismo ocurre con todos los productos nuevos que con pequeños cambios (updates) son atracciones para clientes poco educados.

*FUENTE: Obreros latinoamericanos que trabajan para compañías pequeñas que cobran precios baratos porque no son protegidos por los beneficios legales, tampoco son miembros de sindicatos, ellos mueven la economía de esta gran nación.*
*Fotografía: Severo Wazhima Z.*

Si se quiere un poquito de ahorro, utilizar los especiales de los días festivos como la navidad, el viernes negro, etc., donde se ahorra, se tienen descuentos y a veces no cobran intereses por un período de tiempo. Finalmente, se puede tomar ventaja de cupones de descuentos y rebates que es la cantidad devuelta como promoción de la venta, un incentivo de las tiendas, los mismos que tienen reglas para poder recibir el descuento de la promoción como el cupón, recibo o código de la barra. Estar muy atento y ver oportunidades en las compañías o tiendas que están cerrando aquí se puede adquirir productos con cuenta.

# BIENES Y RAICES

Los bienes y raíces son el primer proyecto económico de nuestra gente que está arraigado con la idiosincrasia de tener un pedazo de terreno donde pueden proveerse de productos básicos del huerto junto a la casa. Este es un sueño que cuesta mucho sacrificio por eso cuando se termina la edificación es acompañada de muchas celebraciones (huasi pichana[41] o fiesta) para honrar los primeros logros. A esta inversión llamamos bienes y raíces que se han hecho una forma económica de inversión. Esta aventura es segura y no requiere de mucho conocimiento y genera ganancias a corto y largo plazo, pero sobre todo depende del comportamiento de la economía ya que la mayoría de inversionistas en esta área siguen el comportamiento del mercado. Lo ideal es comprar cuando los precios están bajos en épocas de depresión económica o cuando individuos se encuentran en crisis financiera o están de viaje. Son circunstancias de oportunidad para aprovechar y comprar.

En el caso de personas con poco conocimiento en inversiones en bienes y raíces, debería invertir cuando tenga sus ahorros y buscar las oportunidades donde pueda, con pocos ingresos, ir pagando porque al inicio no tiene crédito o garantía y es difícil porque no van a confiar los vendedores y acreedores un pago a plazos. Esta decisión tiene que ir acompañada de riesgo y la toma de decisiones, tal vez con un análisis de hasta dónde cubre su capacidad de pago, contar con trabajo seguro para poder cumplir con los compromisos, prevenir gastos en medicinas ante la presencia de enfermedades o estar cubierto por un plan médico, es decir, tomar en cuenta los ingresos y egresos. Siempre es necesario tomar riesgos que deben ser estudiados para que no tengamos experiencias negativas como cuando no se puede pagar dejarnos embargar por el banco, o peor aún, ser individuos insolventes o perseguidos porque debemos a todo el mundo.

El honor, la honradez moral y ética, y las enseñanzas de la familia que debemos cultivar y mantenerlas siempre. Si es que logramos conjugar estos factores está abierta una ventana al éxito o por lo menos podemos tener una vida digna (hogar) que satisface las necesidades básicas. El sueño de tener una casa a veces se ve truncado porque no se planificó.

---

41 Huasi Pichana, expresión quichua que significa la inauguración de una casa nueva

Es importante hacer un análisis del ingreso mensual para luego hacer un presupuesto que satisfaga todas las necesidades económicas asumidas con la compra de la casa, de lo contrario tendremos una crisis donde las deudas se irán acumulando como consecuencia del incumplimiento de las responsabilidades económicas y lleva a la pérdida de crédito. Por eso antes de ingresar en cualquier empresa es necesario partir de información verdadera sobre los requisitos que se debe cumplir para realizar el crédito, el capital, las responsabilidades, deudas, reserva, etc. Si es falsa la información, nos vamos hacer daño.

La crisis financiera en los Estados Unidos, la burbuja de bienes y raíces, cuando los precios periódicamente fueron subiendo en propiedades de lugares residenciales y comerciales. En los años 2007 y 2008; este problema afectó especialmente al grupo latinoamericano y afroamericano que por primera vez compraban una casa y en general personas con pequeños ingresos (pobres) que mintieron acerca de su capacidad de adquisición económica. Los bancos aprobaron los créditos con el fin de prestar el dinero y ganar intereses, comisiones sin fijarse en la documentación requerida (cómplices y encubridores) y, lamentablemente, las minorías no pudieron pagar sus mensualidades e impuestos, más los gastos que requieren una casa para el mantenimiento, hizo que los grupos de escasos recursos perdieran las casas por la razón anotada al no dar información verdadera. Estos comportamientos afectan a la economía nacional y el desprestigio de los grupos de escasos recursos (marginados) de ser siempre perdedores, más aún en estos momentos donde nos acusan de ser causantes de toda la crisis por la inmigración hacia los Estados Unidos. Claro que sí hay grupos que se aprovechan de los servicios sociales (welfare), por ende, son cargas para el gobierno e indirectamente la consecuencia por lo que pagamos los que trabajamos dignamente para subsistir. Nosotros pagamos los impuestos altos por culpa de servicios sociales gratis injustamente distribuidos para mantener estos parásitos de la sociedad que fingen de enfermedades, alteran sus ingresos o no es documentada, reciben dinero en efectivo, exageran los accidentes para cobrar dinero.

Los bienes y raíces han cambiado la suerte de los inmigrantes porque al ser dueño se tiene libertad de hacer cambios, los materializa con el esfuerzo físico y mental, con pasión para hacer volar sus imaginaciones sin importar la ubicación geográfica. También puedo decir que ha sido la forma más fácil de ahorrar comprando en los Estados Unidos y países latinoamericanos, sin excepción, desde el Río Grande hasta Antofagasta, aunque las formas han sido diferentes. Puede ser al contado o a plazos, en el caso de Ecuador la ola socialista persiguió la inversión migrante en el área de bienes y raíces por los rumores del equipo de Rafael Correa que se dedicó a poner impuestos a todo, con ideas de adueñarse de los bienes ajenos que no están utilizados. A esto hay que agregar la crisis económica mundial donde los latinoamericanos prefirieron invertir en los Estados Unidos aprovechando la seguridad y solvencia económica de Norte América. La seguridad es importante porque atrae o expulsa a los inversores. La inseguridad política económica de Ecuador es una barrera para el desarrollo, más el crédito de Ecuador a nivel mundial que está dentro de un país inseguro (lista negra) para los capitales las leyes no protegen el capital según (GAFI-grupo de acción financiera internacional).

Estados Unidos no es el paraíso, pero por lo menos no existe tanto sicariato, robo a mano armada descarado todos los días como en los países latinoamericanos, aquí se puede caminar con libertad y existe respeto a la propiedad privada, la fuerza pública es eficiente, la policía controla el bienestar y el respeto a la propiedad pública y privada. No se vive en prisiones (tercer mundo) donde los dueños de negocios están encerrados en jaulas de metal (rejas) por la incertidumbre de secuestros y robo, y el hecho que las personas saben que las joyas, relojes, aretes que tienen guardados no pueden vestirlos por temor de los asaltos que pueden terminar en un asesinato. Por eso, a pesar de la crisis financiera mundial y la aparición de grupos nacionalistas blancos en Estados Unidos y Europa no han influido en los latinoamericanos la decisión de ahorrar en donde residen. El boom o burbuja de los precios de los bienes y raíces lo comparan como una crisis de la bolsa de valores donde, en algunos casos, el precio sube al doble en las propiedades y esto puede ser el suicidio para el comprador primerizo que no sabe cuál va ser el valor en unos dos años. Los que sí lo saben son los bancos, por eso hubo demandas por prácticas deshonestas, pero estas instituciones pagan una ínfima multa y la peor parte se lleva el consumidor. También existen rumores de que los conectados con Wall Street, (el centro mundial del comercio y economía) obtienen información clandestina del comportamiento económico y sus futuras proyecciones. Entonces estos individuos, corporaciones, etc. comprarían cuando los precios están baratos y venderían cuando esta caro el otro caso sería personas que compraron caro y venden obligados cuando esta barato porque no pueden pagar al banco, tampoco tienen para el mantenimiento y otros gastos se ven forzados a deshacerse de sus bienes, pagamos la novatada.

La plusvalía es la diferencia entre el precio de compra con el valor actual. Esa ganancia, entre comillas, a veces es cuestionable porque el mantenimiento de una propiedad puede ser equiparado con un estómago insaciable que necesita mejoras. También, como dueño de propiedades, sé que nos enamoramos (pensamos con el corazón), entonces si es un terreno le ponemos cerramiento, cultivamos o si no vamos a construir tenemos que tener los servicios básicos y a esto me refiero al agua, electricidad, etc. Es ahí cuando los municipios, es decir el gobierno, cobran por estos servicios exageradamente y lo más estresante es que los nuevos avalúos con los nuevos servicios suben y otra vez el que gana es el gobierno. Esto se da en todo el mundo, en el caso de las casas la desbaratamos y seguimos pidiendo dinero, ponemos puertas nuevas, ventanas, piscinas, etc., pero nunca nos preocupamos de pagar la casa y fácilmente se puede deducir las consecuencias. El sacrificio personal tiene que ser compartido con la burocracia que consume el trabajo y sudor de quienes tenemos capital, bienes y deudas, pero también con suerte, analizando el mercado y tomando decisiones, podemos tener fácil ganancias y al siguiente día, sin haber movido un dedo, en mejorar el bien. La propiedad, la casa, apartamento puede generar ganancias.

Hay que tener mucho cuidado con la plusvalía ya que se vuelve una presa de los lobos denominados bancos, tarjetas de crédito, otros negocios que quieren que se endeuden con sus promociones de dar dinero para diferentes propósitos utilizando el patrimonio neto como las renovaciones, educación, vehículos, vacaciones, pagar otras deudas, etc. De igual manera lo hacen las tarjetas de crédito de las grandes corporaciones donde la plusvalía es un respaldo para momentos de crisis o para comenzar una nueva aventura como obtener un dinero (préstamo) hipotecando la propiedad para comprar otra propiedad, negocio, otra actividad, emergencia.

Los bienes y raíces como todo negocio está sujeto a factores sociales, económicas, políticas como en cualquier lugar del mundo y factores de desarrollo de nuevas áreas. Ahí es donde los inversores se enfocaran y también los expertos del área que están en lugares de depresión de caos o crisis donde todo el mundo no tiene recursos o esta con inseguridad de que viene próximamente o no tienen conocimiento del comportamiento económico y del mercado. Los especialistas sí lo saben y por eso están presentes ahí (In situ) aunque parezca descabellado, ¿Por qué tanta convulsión en comprar en determinada área? El individuo común y corriente no entiende esta conducta, por ejemplo si alguien (experto) comienza a comprar tierras donde se va edificar una universidad o comienzan a invertir en terrenos aledaños al proyecto recién aprobado para la construcción de un aeropuerto u obras de infraestructura.

Un consejo personal como profesional en bienes y raíces, es recomendable comprar un terreno con una casa o un lote de oportunidad o que esté en remate por el banco; aunque si es que no tengo los recursos suficientes, se compraría un terreno para construir en el futuro. El momento de comprar es importante y la ayuda de un agente en bienes y raíces nos ofrecerá todo lo que tenga en su inventario y también tendrá propiedades limpias, me refiero a hipotecas, expropiaciones, apertura de calles, minería, caminos vecinales, impedimentos etc. También puede vender lo que no tiene en su lista ya que con la tecnología de comunicación el internet y las listas de propiedades (MLS) locales nacionales e internacionales al alcance de los agentes que están inmiscuidos en el negocio de propiedades para todos los gustos. Esta información está al alcance de cualquier persona en páginas dedicadas a este propósito. O, si no tienen un agente de bienes y raíces, es posible que le ofrezca un condominio, apartamento o propiedades en urbanizaciones con muchas regulaciones que limitan la libertad y el derecho del dueño con penalidades si no cumplen o pueden ser expulsados por romper sus regulaciones y sus códigos. Entonces no eres el dueño total y estás sujeto a sus leyes, por estas razones, se debe analizar antes de comprar estos bienes.

El valor de una casa tiene otros gastos que agregarle antes del cierre del contrato como son los pagos de impuestos, abogados, persona o compañía de bienes y raíces, persona que analizó si el valor es real comparando con otras propiedades, más los adelantos hechos en la casa, el ver si la casa tiene insectos como termitas, hormigas, asbestos, etc. Estos inspectores les dan una idea para que el comprador exija el arreglo antes de firmar el contrato o hacer un descuento. El banco y broker (compra y vende por una comisión sin tener el título de la propiedad), la persona del banco en negociar con el comprador, es muy cuidadoso porque si tiene que rematar esta casa tiene que recuperar su dinero por eso no puede prestar más del valor evaluado. Es recomendable comprar con un veinte por ciento de pago inicial u otros porcentajes para tener menos deuda y menores cuotas de pago mensuales porque, de lo contrario, vamos a pagar solamente intereses e impuestos y una mínima parte dedicada al pago de la deuda. También se compra puntos para rebajar el interés y los expertos tienen una tabla de cálculo del valor de un punto menos de interés, estas pequeñas cosas hacen una gran diferencia en la compra de bienes y raíces.

Las zonas, ciudadelas, barrios no escapan a la discriminación lo cual, teóricamente, es ilegal. Esto se da cuando las personas quieren rentar o comprar y el vecindario es muy celoso con la persona que llega e incluso se vuelve racial. En el caso de Estados Unidos donde un grupo no quiere a los afroamericanos, latinoamericanos o asiáticos viviendo en sus vecindarios y para evitar incomodar a estas ciudadelas pueden inventar excusas como que ya está vendida o ya está rentada. Nadie sabe la verdad y cuando se detecta esto se denuncia, lo cual es difícil comprobar, pero si lo descubren es castigado por la ley.

Un consejo para los compradores novatos es que deben comprar a intereses bajos y fijos por el periodo de quince a treinta años llamadas tazas fijas que no cambian durante el periodo del préstamo bancario puesto que los otros tipos de préstamos con intereses variables son traicioneros porque al principio cuando está bajo los intereses es llamativo, pero como están sujetos al mercado cuando suben los intereses les aplican hasta las comisiones causando un desequilibrio económico en el consumidor. Finalmente, fijarse o exigir que no haya penalidades cuando hacemos pagos adicionales para bajar la deuda. Esta simple estrategia, como mencioné, ayuda a bajar la deuda pero también ayuda a disminuir el periodo del préstamo bajando meses y años del mismo ayudándonos a salir de la deuda antes de lo planificado o estimado. Finalmente, y aunque redundando, lo ideal es comprar una casa que está en remate por el banco o casas de dueños estresados que no están en condiciones de seguir adelante porque ha contraído muchas deudas. Existe un sin número de remates, por ejemplo el llamado Short Sale donde el momento de la venta (foreclosure) o remate el valor de la casa es menor a la deuda.

En la vida estamos bien o mal económicamente ya sea por consecuencia de nuestra disciplina económica o tal vez por culpa del mercado que se puso en crisis o hasta por fenómenos naturales; sea cual fuera la razón, debemos tomar actitudes de presupuesto que son los gastos fijos los cuales debemos cumplir como la renta, hipoteca y otras deudas primarias. Los gastos variables pueden esperar como son vacaciones, lujos y otros.

# LEYES BÁSICAS PARA EMIGRAR EN FORMA LEGAL A LOS ESTADOS UNIDOS

Si estas planeando venir a Estados Unidos por corto tiempo o permanentemente, la primera opción es aplicar para una visa. En este departamento se verá a qué categoría eres elegible, ya sea la residencia permanente (Green Card) o estadía temporal (Non-immigrant Visa). Muchas personas tienen una justificación errónea al creer que presentándose a la embajada u otra oficina con la justificación como que son un elemento bueno para la sociedad norteamericana podrán ser acogidos. Sin embargo el sistema de inmigración trabaja al contrario.

La mayoría de personas han utilizado las ventajas de tener familiares ciudadanos norteamericanos para obtener su residencia permanente o Green Card. También han jugado un papel importante los patronos que pidieron (petición) a trabajadores especializados en ciertas áreas para solicitar el permiso de trabajo y luego la residencia permanente. Además, existen otras categorías humanitarias que dan asilo o refugio a personas que son perseguidos políticos o sociales.

Otra forma de venir legalmente es utilizando la visa temporal (non -immigrant visa). Con esta visa se puede residir por un tiempo limitado, para realizar específicas actividades como estudiar o hacer negocios. Pueden tener este privilegio de mantener esta visa, que por cierto es un gran número. La visa temporal también se les concede a turistas, intercambio de visitantes, trabajadores especializados que no existen en los Estados Unidos o que lo tenemos en número reducido porque no satisface la demanda del mercado.

Programa de Exención de Visa es un programa gubernamental estadounidense que autoriza la entrada en los Estados Unidos sin necesidad de visa a los ciudadanos de los países participantes en el VWP[42]. En este programa tiene el privilegio ciertos países para una estadía de noventa días para hacer negocio o turismo solamente con presentar el boleto de regreso con la diferencia que no tiene los mismos privilegios de la visa temporal. Si es que se entra por tierra procedente

---

42 VWP - Visa Waiver program- El programa de Exención de visa

de México o Canadá se tiene que dar prueba económica de que tienen dinero para pagar su estadía. Una recomendación es que si está legalmente en los Estados Unidos lo más recomendable es aplicar para la residencia permanente o cambiar el estado a una visa más favorable. Si es necesario se debe recurrir donde un abogado experimentado para que nos ayude a interpretar las leyes de inmigración tan convulsionadas y fácilmente mal interpretadas en gran porcentaje. La otra alternativa es hacer tu propia búsqueda con una específica referencia de la sección de inmigración, además, se recomienda nunca ir a estas oficinas de inmigración a pedir asesoramiento, peor aún, rellenar los formularios porque el personal de estas oficinas no está bien entrenados; por lo tanto una solicitud mal hecha puede tener Información errónea y ellos no asumen responsabilidades e incluso pueden provocar la deportación o terminar con oportunidades de inmigrante.

Muchas de estas leyes de inmigración están descritas en el Libro: U.S. Immigration Made Easy[43] escrito por Ilona Bray (Nolo). Este libro discute cómo obtener cantidad de diferentes visas, incluyendo visa por novio (a) prometido (a), la visa de negocios y turistas B1 and B2, la visas temporales H-1B,H-2B y H3 especialmente para trabajadores agrícolas, la L-1 visa de intercambio entre compañías, la E-1 y E-2 visa de tratados entre operadores bursátiles. La F-1 y M-1 visas para estudiantes, la J-1 visa de intercambio de visitantes y estudiantes, y O, P, o R trabajadores temporales y, como se mencionó anteriormente, conseguir la tarjeta verde por intermedio de un miembro familiar o diversos sorteos de visas finalmente por medio de asilo o refugiado.

Los riesgos de mentir al gobierno de los Estados Unidos para obtener la residencia permanente engañando de palabra o documentos ante un oficial (cónsul-inspector) puede traer consecuencias inmediatas como negarles el ingreso o problemas a largo plazo como, por ejemplo, no pueden entrar por cinco años al país o negarle la residencia o ciudadanía estadounidense después de revisar la documentación (file-carpeta) terminando con la deportación. Finalmente puedes ser elegible para una visa, tener oferta de trabajo, ser casado con un ciudadano norteamericano, ser aceptado a una escuela o cualquier otra categoría pero, lamentablemente, el gobierno de los Estados Unidos tiene el derecho a aceptar o negar la petición.

---

[43] U.S. Immigration Made Easy https://www.amazon.com/U-S-Immigration-Made-Easy-Ilona/dp/1413318614

# CONSEJOS

Esta fuera de nuestro control el hecho de que una fábrica cierre o haga un recorte de empleados, pero podemos controlar el impacto financiero tomando ciertas medidas ante estos eventos, como buscar asesoramiento por el tiempo que dure el desempleo y acudir a los beneficios laborales de la empresa y otras oficinas de ayudas sociales (estatales y federales). Obviamente se tiene que cambiar de comportamiento reduciendo los gastos porque los ingresos son menores; además, evitar comprar a crédito y no olvidar hacer una evaluación a corto plazo del presupuesto disponible para pagar las prioridades como hipoteca, alquiler, otros pagos mensuales. Todo esto le permitirá saber hasta cuánto tiempo sus recursos estarán disponibles para cubrir las necesidades. Las empresas ayudan a los desempleados porque estos coordinan con funcionarios locales y estatales que ayudan a ponerles en un nuevo empleo, adiestramiento o la elaboración de la hoja de vida y sobre todo, buscar un nuevo empleo. Además de buscar apoyo en los sindicatos y también averigüe acerca del seguro de desempleo en oficinas estatales para encontrar trabajo inmediatamente y recibir salario por determinado tiempo sin olvidar de consultar las regulaciones para evitar inconvenientes en la ayuda financiera temporal que cae como anillo al dedo en estas circunstancias. Aunque esté con estrés financiero evite sacar préstamos de su plan 401(k) de jubilación porque tiene que devolverlo en un período de noventa días y, si no lo hace, tendrá que pagar impuestos y una multa del diez por ciento.

Es importante prevenir el fraude al hacer inversiones por eso estos consejos tienen como objetivo proteger al inversionista común y corriente informándole y educándole, con redundancias intencionales, cómo diversificar, planificar, crear un presupuesto, riesgo, asistentes financieros, etc. Mucho cuidado con inversionistas que prometen demasiado ya que estos se informan de los jubilados, del cierre de empresas o suspensión laboral colectiva y asomarán con ayuda no solicitada ofreciendo jugosas ganancias que cambiará su futuro económico como magos. Ante estas ofertas debemos recurrir a un experto financiero con credenciales y conocimiento que deben tener una licencia o estar registrados para que manejen sus inversiones y ayuden a tomar decisiones acertadas durante el período de desempleo. No olvide de verificar contactándose con sus respectivas agencias gubernamentales para constatar credenciales de corredores o agencia de corredores de bolsa, asesores financieros, agentes de seguros.

Estar atentos con anuncios de servicios de empleos prometedores con resultado fáciles o de tener que pagar para conseguir empleo, revelar datos personales, o financieros, peor de transferencias de pagos a sus cuentas bancarias, money orders o dar información de tarjetas de crédito ya que esto puede ser un signo de fraude, actividades ilícitas o robo de identidad. En esta área también hay oficinas públicas que ayudan a comprobar la veracidad y legalidad de estas oficinas o personas.

Las más acertadas decisiones cuando se encuentre en desempleo son difíciles de sortear porque pueden afectar su solidez financiera en el futuro. Lo primero que debe decidir es cómo administrar sus pagos por cesantía, de qué manera va a recibir los pagos de planes de beneficios, y de cómo proteger sus fondos de jubilación si aún le quedan muchos años para llegar a la edad de jubilarse. Debe asesorarse con un experto en finanzas, un consejero de crédito, experto en inversiones, tal vez su empresa o sindicato que provea ayuda en la temporada de desempleo y, por qué no, en el futuro. No tocar los fondos de su jubilación al menos que sea el último recurso, de lo contrario mantenga esta inversión generando ingresos y tampoco se olvide de los impuestos y penalidades ya que si lo retira antes de cumplir los cincuenta y nueve años y medio, usted pagará impuestos sobre la renta; además el administrador (empresa) retiene un veinte por ciento para asegurar el pago de impuestos más una multa si no ha cumplido 59 años y medio. Por eso es aconsejable revertir a una IRA (Cuenta Individual de Jubilación) sesenta días antes de la jubilación, u otro plan de jubilación calificado para evitar pagar impuestos. Una vez que tiene sus fondos de jubilación utilice e invierta con sabiduría los montos globales que tanto le costó, y si decidió invertir diversifique sus acciones, bonos o activos no financieros ya que estos les servirán mucho y tal vez será el único ingreso si está desempleado.

El primer beneficio que recibe un empleado de la empresa es salario por el trabajo, frecuentemente dan seguro médico y otros beneficios como el 401(k) o plan de pensión. Estos con el tiempo ayudan a lograr seguridad en la jubilación que en tiempo de desempleo pueden variar y para entenderlo tiene que formularse preguntas acerca de los planes de pensiones o beneficio definido que se calcula en base a la combinación del salario edad y años de servicio. Los planes de pensiones que reemplazan buena parte del salario anterior son poco frecuentes.

Es posible que ciertos empleados que dejan el trabajo a cierta edad o luego de un número específico de años de servicio no reciban nada de la empresa porque no han cumplido con las condiciones necesarias para recibir la jubilación.

El 401 (K) es una porción del salario que se toma antes de pagar impuestos y que se depositan en una cuenta de ahorro destinada a la jubilación y recibe ciertos beneficios tributarios, estos fondos son reportados por el empleador al Servicio de Rentas Internas (IRS). La renta, impuestos son diferidos o postergados hasta que retire el dinero de su cuenta, y, si es que retira antes de cumplir los cincuenta y nueve años y medio de edad pagará una multa. Para evitar los impuestos algunas empresas ofrecen una opción Roth para el plan 401 (k) ya que este plan le permite aportar dólares después de pagar impuestos, es decir, le cobran los impuestos cuando realiza la contribución por lo tanto los ingresos generados son libres impuestos y puede retirar su dinero cuando haya cumplido cincuenta y nueve años y medio de edad y haya hecho su primer aporte cinco años atrás. El IRS regula cuánto puede aportar anualmente en el 401(k) dependiendo la edad si tiene 50 años puede aportar más en el Roth IRA el cual le cobra impuestos al inicio. También debe recordar que ambos tipos de aporte (contribuciones) se toman en cuenta para el límite anual. El 401(K) ofrece varias elecciones para la inversión paralela; si es que es Roth, los impuestos ya están pagados pero en otros planes no, si no ha hecho cambios depende de las cláusulas pueden estar pagados o no los impuestos, debe saber que lo que pase con el patrón o la empresa no afecta sus aportes, pero sí estarán sujetos a que si ha cumplido con los requisitos como tiempo de trabajo donde el empleador decidirá cuánto tiempo usted debe trabajar antes de tener derecho a los aportes paralelos correspondientes a la empresa. Si es que se va de la empresa puede reinvertir sus ahorros 401 (K) y pagar impuestos más tarde a esa porción.

También debemos conocer y averiguar sobre otros planes de retiro o ahorro como los planes de balance efectivo, planes de participación en las utilidades, planes de bonificación de acciones a los empleados y es muy importante siempre formularnos preguntas sobre los planes de beneficio ofrecidos por el empleador como estas: ¿Cuáles son los términos de los planes que me cubren? ¿Cuándo cumplo con las condiciones necesarias para recibir los beneficios del plan y cuánto me corresponde? ¿Cuándo comienzo a recibir los pagos?

Los retiros del plan 401 (K) por situaciones de emergencia están sujetos a regulaciones y estas estipulaciones tienen que revisar con el empleador pero generalmente no puede recibir todo un veinte por ciento quedará para pagar impuestos y otro diez por ciento de multa porque no ha cumplido los cincuenta y nueve años y medio de edad. Los retiros de fondos por situaciones de emergencia cuestan a corto plazo porque hay que pagar los impuestos y también cuestan a largo plazo porque los montos sustraídos no pueden ganar intereses compuestos. Finalmente, la multa del diez por ciento se exonera si su retiro de fondos ha sido por situaciones extremas de emergencia como su invalidez total y permanente y otras situaciones de emergencias especificadas claramente

Es importante estar preparado para situaciones difíciles, debemos tomar medidas para organizar nuestras finanzas y enfrentar períodos críticos de desempleo, enfermedad, catástrofes y otras, siguiendo los siguientes pasos. Asuma el control de sus finanzas para saber lo que cuenta a nivel económico esto le ayudará a aliviar sus preocupaciones. Use todos los servicios de empleo que estén disponibles del estado y empleador usando los servicios telefónicos, internet, bibliotecas, iglesias y otras oficinas. Obtenga un seguro de salud y proteja otros beneficios por eso tiene que entender las cláusulas y condiciones, plazos. Protéjase del fraude financiero y estafas de empleo para eso verifique los credenciales y llame a los números de reguladores locales y estatales.

La salud es importante por eso debemos buscar opciones para estar protegidos especialmente cuando se ha perdido el empleo optar por el que más le conviene, después analizarlos detenidamente porque los planes médicos del empleador se extienden por dieciocho meses y para evitar quedarse sin protección médica puede negociar con el proveedor pagando un porcentaje u otras alternativas. Yo les recomiendo averiguar del plan COBRA. Otra alternativa puede ser si su cónyuge está trabajando después de la jubilación puede recibir cobertura de este plan. No dar brazo a torcer ya que existen muchas opciones que hay que buscarlas.

Finalmente la organización de grupos latinoamericanos con diferentes propósitos es digna de aplausos sea cual fuesen los objetivos, pero mejor si las metas son generales a favor de individuos y conglomerados humanos abusados ya sea por el sistema de gobierno o compañías privadas que se aprovechan de la persona que no conoce la ley, que no conoce el idioma en tierras extrañas, me refiero a los inmigrantes.

Estas organizaciones son como los sindicatos de todo el mundo que en Estados Unidos son llamados Uniones. En nuestro caso como migrantes estamos en pie de lucha en contra de las políticas del presidente y su gabinete que nos está quitando el DACA, TPS, etc. Nuestro objetivo es reclamar nuestros derechos, al mismo tiempo pedir que se nos incluya en agendas para que sean escuchados nuestros planteamientos, nuestros puntos de vista legales y humanos porque somos parte del desarrollo económico, político y social.

Además ayudar en circunstancias de crisis como calamidades domésticas, me refiero concretamente al ejemplo comunitario en el deceso de un paisano jimeño donde la solidaridad fue extraordinaria de parte de los coterráneos, latinoamericanos y norteamericanos que entienden las circunstancias por lo que atravesamos los seres humanos. Aquí pude ver que la unión y organización rompió los límites de nuestras expectativas con una cantidad de contribuciones y solidaridad gracias al desarrollo del internet utilizando las redes sociales con fines loables para promocionar el bingo y otras formas para que colaboren a una causa noble ejemplar.

El líder es una persona importante que encabeza a un grupo de individuos con una capacidad de transmitir sus ideas para que luchen en la búsqueda de un resultado colectivo en áreas social, político, religioso, etc. Los líderes según algunos estudiosos creen que se forman estudiando técnicas para el éxito (universidades), otros piensan que los líderes tienen aptitudes innatas nacen con esta cualidad, este dilema es estudiado en muchos tratados (autores). Yo quiero agradecerles a los líderes honestos que trabajan, a veces sin salario, y simplemente lo hacen por vocación (bienes y persona), sin descanso por sus nobles causas ya que así es como se logra obras materiales y también transformaciones trascendentales sociales, políticos y económicas en bien de la sociedad en pequeñas aldeas, ciudades, países, metrópolis con efectos mundiales.

*FUENTE: Iglesia construida bajo el liderazgo de Francisco Wazhima Flores y la comunidad de Tacadel-Ecuador. Fotografía: Elisa Wazhima L.*

# CONCLUSIONES

Los seres humanos por naturaleza o por circunstancias externas, tenemos la necesidad de migrar, de experimentar y buscar nuevos rumbos, para ello podemos examinar y tomar como modelo el estudio que reseñamos. "Claves del Éxito desde la Experiencia" es una guía práctica para inmigrantes latinoamericanos radicados en Estados Unidos, que llegaron en busca del sueño americano. En el desarrollo de las experiencias, no se ha tomado en consideración como lo hicieron, su clase o identidad social; acá todos los inmigrantes forman un conglomerado social ávido de trabajo, con muchas expectativas y necesidades insatisfechas, pocos migrantes llegan a realizar sus estudios y especializarse.

La certeza del temario y del contenido nos traslada a la vivencia misma del migrante desde el hecho de despojarse de sus costumbres, de su identidad cultural, su lengua, su familia; el inmigrante arrastra su emotividad ligada a sus congéneres que quedaron inmersos en un mundo de necesidades; es por ello que debe subsumirse en un espacio ajeno a él, actuando como individuos activos de la sociedad norteamericana, sin desconocer que las oportunidades son diferentes para cada uno, que depende de la "suerte" o liderazgo y las ganas de salir adelante. El nivel educativo es un factor preponderante para aprovechar las oportunidades; y, la falta de educación, no puede ser excusa para lamentarnos y acusar al sistema como un mundo extraño y hostil para el latino.

Si pretendemos avanzar por el éxito y en las conquistas personales para el bienestar de uno mismo y nuestro entorno sabiendo ciertamente que al respecto nada está dicho, nada está terminado o concluido o que lo dicho se debe seguir al pie de la letra, se ha dado el punto de partida, el arranque con el uso de las recomendaciones con el cual se debe tener éxito en este país como los Estados Unidos de Norteamérica que presenta nuevos retos y barreras con nuevas leyes de inmigración.

Los migrantes debemos ir buscando una línea conductual que nos lleve a ser personas exitosas y para lograrlo está el conocimiento y manejo del inglés, la disciplina económica, el respeto a las leyes, el trabajo, educación y autoeducación. En el último caso no importa saber únicamente las cuatro operaciones matemáticas. Tenemos ejemplos de personas que dejaron la universidad para volverse millonarios con sus ideas, por ejemplo: Mark Zuckerberg fundador de Facebook.

La gran mayoría de inmigrantes vienen escapando de la pobreza, de las guerras y de la inseguridad. En el caso de Latinoamérica, los problemas económicos, políticos y sociales como el crimen, persecuciones políticas, narcotráfico, guerrilla, corrupción, negociados, catástrofes naturales, etc. Las dictaduras socialistas son sanguinarias con el pretexto de la igualdad y se han aprovechado unos cuantos líderes de Cuba, Venezuela, Ecuador, Bolivia, Nicaragua estos son los que viven con lujo y dinero mientras que los pueblos se mueren de hambre y son expulsados por las razones anotadas hacia los Estados Unidos u otros países de Europa. Mundialmente el objetivo del emigrante latinoamericano es Estados Unidos. Otros migrantes que huyen de la pobreza, depresión, represión provienen de la Ex Unión Soviética, China, África y otros. Los árabes que huyen de la guerra de dos grupos religiosos Sunnis y Shias. Los Sunnis y Shias son líderes que derrochan la riqueza petrolífera en armas y dinero para auspiciar el terrorismo.

Con el conocimiento del idioma inglés se puede acceder a los servicios sociales que hay para los inmigrantes en organizaciones estatales y privadas como atención en salud, alimentación, educación aprovechando las becas para estudiantes, financiadas por empresas como McDonald, Microsoft, Army y otros programas a los que se pueden acceder revisando la prensa y anuncios. Estas ayudas deben ser tomadas con moderación y honestidad porque cuesta mucho mantenerlas y deben ser canalizadas a dónde realmente necesitan puesto que no queremos que vayan a parar en manos de parásitos que viven del sistema sin una aspiración de superación, estos son paliativos para lograr nuestras metas y objetivos “El Sueño Americano”.

Al mantener esta conducta de amoldamiento y aprendizaje del nuevo mundo (Estados Unidos) debemos enfatizar en cómo arreglar nuestro estatus como extranjeros legales radicados en Estados Unidos. Esto proporcionará una cantidad de beneficios, derechos y obligaciones sin importar si nos quedamos poco o largo tiempo. Todavía existen formas de legalizar el status mediante visas, permiso de trabajos, TPS, DACA, asilo político, matrimonio y otras formas para lograr la residencia y ciudadanía. Es importante la documentación para pagar impuestos y obtener derechos y beneficios, sobre todo para defenderse de posibles deportaciones y persecuciones a latinoamericanos en esta administración de Donald Trump junto a los grupos extremistas, neo nazis, nacionalistas blancos, Ku Klux Klan (KKK) entre otros.

El inmigrante tiene que aprender a defenderse ante el abuso de los jefes en sus trabajos donde a cambio de un salario tiene que soportar humillaciones y abusos racistas. También tenemos que protegernos de algunos policías que segregan a la clase latinoamericana y minorías por el color de la piel, lengua, costumbres que fueron escusas para cuestionar, arestar quebrantando la ley, con odio y abuso de poder como es el caso del alguacil Joe Arpaio de Maricopa, Arizona. La generalización del grupo latinoamericano como iletrado, criminal, vende droga, incapaz y más denominaciones, por eso la importancia de la educación. Dar prioridad al idioma con los programas de inglés como segunda lengua (el ESL), continuaríamos con el bachillerato GED, luego la universidad si está al alcance, para evitar esta discriminación de ser indocumentado e iletrados de las minorías, pero sobre todo saber dónde acudir para que se nos respete nuestros derechos ya que no todos los individuos son anti-inmigrantes, racistas, para que se aplique las leyes de esta gran nación lograda con sangre y la vida de líderes, activistas democráticos.

Aprender el idioma no es difícil, el problema es la falta de esfuerzo por aprender y esta deficiencia se profundiza en los latinoamericanos al compararlos con los asiáticos, rusos y otras nacionalidades que tienen como prioridad aprender la lengua. El momento que el latinoamericano tome conciencia de la importancia de hablar inglés estaremos evitando ser ultrajados, abusados u objetos de burla (bullying), y estaremos abriendo el camino para encontrar mayores oportunidades y mejorar las condiciones de vida. Por aquello aprovechemos la tecnología como el internet, radio, televisión, GPS, traductores, bibliotecas, computadores, videos y no permitamos que se nos acuse de ser los causantes de la crisis.

La migración trae dificultades hasta el punto de poner en riesgo la vida, como lo es el tren del diablo que cruza México, o como el Mar Mediterráneo u otras fronteras con Europa y Estados Unidos donde el objetivo es obtener una legalidad EU (Unión Europea) para luego llegar legalmente a los Estados Unidos.

También están en contra de los inmigrantes los terribles carteles de droga, los traficantes humanos que cobran cantidades increíbles sin una seguridad por eso se ahonda la crisis social.

Es importante ordenar la vida con un poco de disciplina y sacrificio para lograr nuestras metas, debemos partir de un plan de ahorro y gasto ordenado ya que con esta filosofía los resultados irán apareciendo en el transcurso del tiempo tendremos efectivo, bienes o deudas. También habremos creado un registro en las instituciones financieras que son imprescindibles en las transacciones económicas. Esta pequeña guía será de mucha importancia para la adquisición de bienes y, como ya se explicó, el proceso toma tiempo para incrementar un buen récord crediticio cuyo proceso es progresivo y se puede revisar periódicamente para que cuando estemos listos con el puntaje necesario podemos acudir a las entidades financieras que nos aprueben el crédito que nos facilitará invertir en otros negocios pequeños de acuerdo al ingreso y egreso, cuidando que el crédito no sea factor de conflictos y deudas impagables.

*FUENTE: Fotografía: Sara Wazhima Z. Tacadel-Ecuador Entrada de la casa donde Patricio Wazhima Z., creció.*

Debemos diversificar las inversiones porque no todos los negocios ganan, algunos acarrean pérdidas. Los bienes y raíces son una manera segura de invertir para los inmigrantes y esto les ha sido de mucho beneficio con ganancias en corto tiempo ya sea en Ecuador, Latinoamérica, u otro continente, como también en los Estados Unidos donde residen los inmigrantes.

Debemos tomar en cuenta que existen los fraudes económicos por parte de personas deshonestas que crean falsas compañías, corporaciones que ficticiamente generan jugosas ganancias o los crímenes cibernéticos que generan extraordinarias ganancias crean dudas que sean verdaderas. Lamentablemente atraen a personas vulnerables ya sea por desconocimiento o por su edad pero que tienen dinero.

La inmigración trae rubros a Latinoamérica mediante las remesas provenientes de Estados Unidos y Europa. Este tema es inadvertido por los políticos y analistas económicos, en el caso de Ecuador las remesas son el segundo rubro económico por lo tanto se beneficia la economía ecuatoriana. Este capital trae seguridad personal, familiar que puede mejorar sus condiciones de vida. Estos rubros al ser bien canalizados ayudan a implementar la riqueza con inversiones en diferentes áreas como educación, bienes y raíces; implementando negocios o alguna fábrica.

Referente a los seguros de vida, vehículos, casas, siempre debemos optar por el que nos conviene sin exagerar uno tan barato u otro caro que cubre hasta lo inexistente. Siempre ver que cubra el valor del bien porque no queremos encontrarnos en circunstancias de pérdidas a causa de las cláusulas que no cubrían en su totalidad, por ahorrar un poco de dinero.

Finalmente la honestidad junto al hecho de ser disciplinado y ordenado económicamente nos permitirá hacer nuestros sueños realidad y usar el crédito para invertir en nuestros proyectos; además, puede utilizar otros logros (patrimonio neto, plusvalía, hipotecas) y ventajas de tener una reputación económica buena donde los acreedores le golpean la puerta, el inversor podrá escoger la mejor oferta.

*¡Suerte compatriotas latinoamericanos! Vamos a salir de la pobreza y los talentosos inversores ¡disfruten de sus éxitos; pero sin olvidar sus raíces!*

*Logo: Franklyn Wazhima Zhunio*

# GLOSARIO

- Acciones: Las acciones son las partes iguales en las que se divide el capital social de una sociedad anónima. Estas partes son poseídas por una persona, que recibe el nombre de accionista, y representan la propiedad que la persona tiene de las empresas, es decir, el porcentaje de la empresa que le pertenece al accionista.
- ALBA: Alianza Bolivariana. (Fundada el 14 de Diciembre de 2004).
- Alien: Una persona que es de otro país no es nacional (person who is not a national).
- América: Se refiere a Estados Unidos o también a todo el continente.
- Associate's Degree: Un título Universitario después del GED High School Diploma, el asociado requiere 2 años se engloba dentro de los grados académicos llamados de pre grado.
- Assets: Activo, Capital o caudal en caja o existente, fondos, créditos activos, cantidad o cantidades para pagar.
- Autoeducación: Es una modalidad educativa que pone al alcance de las personas la posibilidad de adquirir nuevos conocimientos o profundizar en los que ya se tienen.
- Bachelor Degree: Un título universitario después de haber estudiado 3 o 7 años dependiendo de la carrera.
- BLUE CHIPS: El término blue chip en economía bursátil se utiliza para referirse a empresas bien establecidas, que tengas ingresos estables, valores sin grandes fluctuaciones y que no precisen de grandes ampliaciones de su pasivo. En definitiva, el término se utiliza para hablar de empresas estables con alto nivel de liquidez.
- BONO: Papel, tarjeta o documento que se puede canjear por una cantidad de dinero, un objeto o un servicio.
- Bonus: Un BONO, en sentido financiero, consiste en un título de deuda que puede emitir el ESTADO (gobiernos, nacionales, provinciales, municipales, etc.), EMPRESAS privadas (industriales, comerciales o de servicios) o instituciones supranacionales (corporaciones de FOMENTO, bancos regionales). Estas herramientas Pueden tener RENTA de carácter fijo o variable y permiten que el emisor consiga fondos de manera directa del MERCADO.
- Budget: Presupuesto.
- Bullying: Acoso físico o psicológico al que someten, de forma continuada a un alumno sus compañeros.
- Business Advisor: persona o compañía responsable en hacer inversiones a favor del cliente brindando consejos en las transacciones.
- Capitalismo: Sistema Económico y social basado en la propiedad privada de los medios producción, en la importancia del capital como

generador de riqueza y en la asignación de los recursos a través del mecanismo del mercado. En contraste con la economía agraria, el capitalismo está fundado sobre la posibilidad de hacer fructificar el dinero, obteniendo intereses".

- Caudillo: Persona que guía y manda a un grupo de personas, especialmente a un ejército o gente armada.
- CEPAL: Comisión Económica para América Latina.
- Ciénega: Pantano donde existe microorganismos, agua sucia y lodo. En inglés swamp.
- CONDADO: Provincia o Municipio.
- COUPON: Cupón es un papel impreso que permite al comprador adquirir un producto a precio mas bajo o gratuitamente. Parte recortable, en los vales, cartillas de racionamiento, etc.
- CREDITO: Buena Reputación o buena fama.
- ¿CUÁL ES LA DIFERENCIA ENTRE MEDICARE Y MEDICAID? (ESTADOS UNIDOS) Esta pequeña nota explica un poco más la diferencia entre dos programas de seguro de salud que son muy comunes para personas de mayor edad al igual que a personas de bajos recursos. Medicare es seguro médico para personas mayores de 65 años de edad o discapacitadas que cumplen algunos requisitos sin importar ingresos. Medicaid es un programa de seguro de salud específicamente para personas y familias de recursos limitados.
- CUC: El peso cubano convertible (CUC) es una de las dos monedas oficiales de Cuba, juntamente con el peso cubano. Empezó a circular en 1994. En noviembre de 2004, el banco central terminó la circulación del dólar en Cuba. Hasta abril del 2005, la tasa de cambio fue 1 CUC = 1 USD. Después 1 CUC = 1.08 USD, aunque se conserva el impuesto del 10% sobre el cambio de efectivo.
- DACA:(Deferid Action for Childhood Arrivals) Acción diferida para los llegados en la infancia.
- DEA: Drug Enforcement Agency Agencia de Control de Drogas.
- Dealer: Es la persona encargada de vender productos o servicios en nombre de la compañía para obtener beneficios financieros a cambio.
- Demagogia: Dominación tiránica del pueblo.
- Dictadura: Es una forma de gobierno en la cual el poder se concentra en torno a la figura de un solo individuo o élite.
- Diversificación: Acción de diversificar o diversificarse, algo diverso es aquello que tiene variedad. Diversificación se refiere a los procedimientos y acciones distintas con respecto a algo. La idea es sencilla: transformar una cosa en otras.
- Dreamers: Son inmigrantes que llegaron ilegalmente a Estados Unidos cuando eran niños; y son/eran protegidos por un programa impulsado por el presidente Obama, con el cual tenían derecho a

permanecer y trabajar en el país.

- EBF: European Bank Federation.
- EE.UU: Estados Unidos.
- Equity: La cantidad de inversión mediante efectivo o ganancias retenidas en una empresa. A veces es llamado “shareholder equity”, “valor de libro “o valor neto. Para calcular los ratios, los préstamos de accionistas a la compañía, a menudo son incluidos a la “equity” de la compañía. El término también significa la diferencia entre activos y pasivos. Este es el compromiso financiero total de los propietarios con la empresa.
- Especials: (Especial) Que es muy adecuado o exclusivo para una determinada cosa o persona. (Que es raro, poco corriente o diferente de lo ordinario).
- EU: European Union-Unión Europea.
- Eximir: Libertad que goza una persona para eximirse de una obligación. Actualmente son 37 países que tienen este privilegio.
- Facebook: Es una red social creada por Mark Zuckerberg mientras estudiaba en la Universidad de Harvard. Su objetivo era diseñar un espacio en el que los alumnos de dicha universidad pudieran intercambiar una comunicación fluida y compartir contenido de forma sencilla a través de Internet.
- Fahrenheit: Unidad para medir la temperatura.
- Fascismo Movimiento político y social de carácter totalitario y nacionalista fundado en Italia por Benito Mussolini después de la primera guerra mundial. Doctrina de carácter totalitario y nacionalista de este movimiento y otros similares en otros países.
- Fast food: Comida rápida generalmente servida al pie de la calle.
- FATF: Financial Action Task Force.
- Foreclosure: (Ejecución) Pago único o global reembolso de una deuda por un solo pago, incluyendo el capital y cualquier interés acumulado. Un documento, por ejemplo, puede estipular pagos de interés periódicos y un pago único de capital.
- FULL COVER: Cobertura Total.
- GAFI: Grupo de Acción Financiera Internacional.
- GDP: Gross Domestic Product - Producto Interno Bruto. Valor total de dólar de los Bienes y Servicios producidos en un país. Los economistas consideran los aumentos y las bajas en GDP como la mejor indicación total acerca de si una economía se está expandiendo o reduciendo y en qué índice.
- GPS: Sistema americano de navegación y localización mediante satélites.
- Grant: Una cantidad de dinero que el gobierno u otra institución da a un individuo u organización para un propósito particular como:

educación, arreglos de casa.

- HARP: (Home Affordable Refinance Program) creado por el Presidente Obama en 2009 para refinanciar los préstamos Programa de Refinanciación de casas para todos.
- Housekeeping: persona que limpia y arregla el hogar. (casa)
- High School: Secundaria, liceo, secundaria o bachillerato.
- ICE: Departamento que controla la inmigración.
- Imperialismo: Actitud o forma de actuación política basada en dominar otras tierras y comunidades usando el poder militar o económico.
- IRA: Cuenta Individual de Retiro (Individual Retirement Account).
- IRS: Internal Revenue Service-Impuesto a la Renta.
- ISIS: Estado Islámico de Irak.
- Jane Doe / John Doe: Alguien no identificado, anónimo.
- Ku Klux Klan: (KKK) Es el nombre adoptado por varias organizaciones de extrema derecha en Estados Unidos, creadas en el siglo XIX, inmediatamente después de la Guerra de Secesión, y que promueven principalmente el racismo, así como la supremacía de la raza blanca, la homofobia, el anti-semitismo, el anti-catolicismo, la xenofobia y el anti-comunismo. Con frecuencia, estas organizaciones han recurrido al terrorismo, la violencia y actos intimidatorios como la quema de cruces, para oprimir a sus víctimas.
- Liability: Una deuda de dinero, obligaciones opuesto a tener capital y bienes.
- Lista Gris: Países que están cooperando con el lavado de dinero, tráfico de drogas.
- Lista Negra: Países inseguros para invertir por que no controlan el lavado de dinero, narcotráfico y no hay libertad.
- Manager: Persona que por oficio se encarga de dirigir, gestionar o administrar una sociedad, empresa u otra entidad.
- MEDICAID: Es un seguro de salud del gobierno estadounidense que ayuda a muchas personas de bajos ingresos del país para pagar sus cuentas médicas. El gobierno federal establece las pautas generales para el programa, pero es importante saber que cada estado tiene sus propias reglas."
- MEDICARE: Es el programa de seguro de salud del gobierno de los Estados Unidos para personas mayores de 65 años. Algunas personas de 65 años también pueden reunir los requisitos para Medicare, incluyendo a aquellas con discapacidades, insuficiencia renal permanente o esclerosis lateral amiotrófica".
- Miss: Señorita.
- MLS: Multiple Listing Service o listado múltiple de servicios, una herramienta comunicacional basada en el acceso de información entre colegas inmobiliarios.

- Modus vivendi: Modo de vivir o manera de vivir; acuerdo entre dos personas en litigio, arreglo final.
- NAFTA: (The North American Free Trade Agreement) Tratado de libre Comercio de América del Norte.
- ONU: Organización de Naciones Unidas- Unidad Nations.
- Pandillas: Es un grupo de personas que mantienen un vínculo estrecho e intenso; puede ser un grupo de amigos o puede ser un grupo delictivo.
- Póliza: Una póliza es la denominación que recibe aquel documento en el cual se plasma el contrato de seguro, por un lado y por el otro, las obligaciones y derechos que corresponderán tanto a la aseguradora como al asegurado, que son las dos partes intervinientes en este tipo de contrato.
- Rebate: Reembolso Un rebate o rebaja es un monto pagado por medio de reducción, devolución o reembolso de lo que pagó o contribuyó. Es un tipo de promoción de ventas.
- Sales Tax: Impuesto a las ventas.
- Seguro: El seguro es un medio para la cobertura de los riesgos al transferirlos a una aseguradora que se va a encargar de garantizar o indemnizar todo o parte del perjuicio producido por la aparición de determinadas situaciones accidentales.
- SHIA: Uno de los más grandes grupos islámicos encabezados por Irán.
- Skyscraper: Rascacielos.
- Socialismo del Siglo XXI: Es un concepto que aparece en la escena mundial en 1996, a través de Heinz Dietética Steffan.
- Spanglish: Variedad lingüística en la que se mezclan elementos (especialmente, léxicos y morfológicos) de las lenguas española e inglesa, que hablan algunos hispanos de los Estados Unidos de América.
- Stock: Conjunto de mercancías o productos que se tienen almacenados en espera de su venta o comercialización. Stock también se refiere a las acciones o valores. Por eso se conoce como Stock Exchange a la bolsa de valores.
- Sunni: (sunna - tradición) Es el grupo religioso árabe más grande que se disputa el liderazgo con los Shia después de la muerte del profeta Muhammad.
- Tarjeta de Crédito: Es un instrumento material de identificación, que puede ser una tarjeta de plástico con una banda magnética, un microchip y un número en relieve. Es emitida por un banco o entidad financiera que autoriza a la persona a cuyo favor es emitida a utilizarla como medio de pago en los negocios adheridos al sistema, mediante su firma y la exhibición de la tarjeta. Es otra modalidad de

financiación; por lo tanto, el usuario debe asumir la obligación de devolver el importe dispuesto y de pagar los intereses, comisiones bancarias y gastos.

- Tecnología de punta: La palabra se usa para dar nombre a los conocimientos que permiten fabricar objetos y modificar el entorno. Hace referencia a toda tecnología que fue desarrollada muy recientemente y que es de avanzada (es decir que supone un adelanto o algo innovador respecto a los productos ya existentes).
- TPS: Es un beneficio temporal que no conduce al estatus de residente permanente legal ni confiere ningún otro estatus migratorio. Sin embargo, registrarse al TPS no le impide: Solicitar estatus de No inmigrante. Presentar una Solicitud de Ajuste de Estatus basada en una petición de inmigrante.
- Mortgage: Un acuerdo legal con el banco u otro acreedor que presta dinero cobrando intereses que como garantía detiene el título de la propiedad del deudor; cuando pague la deuda se le traspasa o devuelve el título.
- Odebrecht: Organización global brasileña de diversos negocios como: ingeniería, construcción, químicos, etc.
- OSHA: The Ocupational Safety and Health Administration- Ocupación salud y seguridad administrativa.
- Piggy Bank: Cerdo, chanchito, recipiente para guardar monedas. Alcancía.
- Propiedad REO (Real Estate Owned Property): El banco se convierte en dueño de la propiedad, después de una subasta que no pudo vender entonces recurre a los servicios de una agencia de Bienes y Raíces.
- Sale: (Selling something) Temporada de descuentos y promociones.
- Scholarships: Becas.
- Sheriff: En los condados de Estados Unidos, representante de la justicia encargado de mantener el orden público y hacer cumplir la ley.
- Short sale: Aquí estamos hablando de ventas cortas o SHORT SALE Hipotecario. Una venta corta es cuando un deudor le ofrece al banco y el banco acepta menos de lo que se debe para cancelar una hipoteca moratoria. ... Se tiene que hacer una oferta para saldar o cancelar una hipoteca (s) con deficiencias.
- Social Security: El Seguro Social es un sistema de protección de los ciudadanos. Su finalidad es amparar a los individuos para que no haya desequilibrios sociales.
- Socialismo: Sistema de organización social y económica, basada en la propiedad y administración colectiva o estatal de los medios de producción y en la progresiva desaparición de las clases sociales:

El socialismo trata de erradicar las diferencias económicas entre los diversos estratos de la sociedad.

- Status legal: Un estado o posición definido por la ley.
- Student Loans: Préstamos estudiantiles.
- TACADEL: Nombre de un pequeño poblado perteneciente a la provincia del Azuay cantón Sígsig parroquia Jima en la República de Ecuador.
- TEA Party: Un grupo conservador en los Estados Unidos.
- TLCAN: Tratado de Libre comercio de América del Norte.
- UNASUR: Unión de Naciones Suramericanas.
- Unemployment: Desempleo.
- Unions: El concepto de sindicato permite identificar a una agrupación de gente trabajadora que se desarrolla para defender los intereses financieros, profesionales y sociales vinculados a las tareas que llevan a cabo quienes la componen. Se trata de organizaciones de espíritu democrático que se dedican a negociar con quienes dan empleo las condiciones de contratación.
- URSS: Unión de Repúblicas Socialistas Soviéticas.
- USA: United State of America -Estados Unidos de América.
- Utopía: Proyecto, idea o sistema irrealizable en el momento en que se concibe o se plantea: hoy por hoy, la igualdad social es una utopía.
- Wall Street: Wall street es una calle neoyorquina situada en el bajo Manhattan, entre Broadway y el río Este. Considerado el corazón histórico del distrito financiero, es el principal y permanente hogar de la Bolsa de Valores de Nueva York. Wikipedia.
- VWP: (Visa Waiver program- El programa de Exención de visa.
- WELFARE: (Ayuda Social) la salud, felicidad y riqueza de una persona o grupo.
- Western Civilization: La cultura moderna de Europa del Occidente y Norte América.
- White House: Casa Blanca Residencia oficial y principal centro de trabajo del presidente de los Estados Unidos.
- WZ: logotipo Wazhima Zhunio diseño de Franklin Wazhima Zhunio
- Xenofobia: Rechazo a los extranjeros, es el miedo, rechazo u odio al extranjero o la hostilidad hacia los extranjeros.
- 401K: Son planes de ahorros para el retiro con ventajas distributivas por que permiten diferir el pago de contribuciones sobre aquella porción del ingreso que se apuesta al plan y por el rendimiento que obtengas de su inversión.
- 500 (SP500): Es un índice bursátil que aglutina a las 500 compañías cotizadas más importantes de Estados Unidos. Este selectivo es una muestra del estado de la economía norteamericana, debido a la multiplicidad de títulos y sectores que abarca el índice."

# BIBLIOGRAFIA, NOTAS Y CITAS

## NOTAS


- Alex Shepherd - March 1, 2018 "Is Amazon Too Big to Tax?" The New Republic Digital Edition pg. 1-4.
- Banco Central del Ecuador (2009). "Evaluación de las Remesas. Región Austro, primer trimestre."
- Gary Dessler"A Framework for Management" Second Edition-International University.
- Instituto Nacional de Estadísticas y Censos (2012), "Proyecciones de la Población de la República del Ecuador 2010-2050."
- Mendieta, Rodrigo. (2015), "Remesas y Disparidades Económicas Territoriales. Caso ecuatoriano. Colección Desarrollo de Migración." Universidad de Cuenca.
- Ricky W. Griffin - Seventh Edition "Management" - Texas A&M University.
- Robert T. Kiyosaki With Sharon L. Lechter - "Rich Dad Poor Dad" - 1997-1998.
- Samuel C. Certo - "Modern Management" - Ninth Edition, Rollins College.
- Welkowitz, Ewen, - "Statistics" Cohen - Fourth Edition, New York City University.
- WorldReference.com/Online language Dictionaries


## CITAS:


Alan Rappeport - Jan. 19,2017, "Steven Mnuchin, Treasury Nominee, Failed to Disclose $ 100 million in Assets" - https://www.nytimes.com/ 2017/01/19/us/politics

- Dickson,P.G.M. (1960) - "The Sun Insurance Office 1710-1960: The History of Two and a half Centuries of British Insurance." London: Oxford University Press. P.324. https://en.wikipedia.org/wiki/Insurance#History

David Barstow, Susanne Craig, Russ Buettner and Megan Twohey - Oct. 1, 2016, https://www.nytimes.com/2016/10/02/us/politics/donald-trump-taxes.html

Redacción Economía – 24 de marzo de 2015 - Ecuador recibió $ 2.461,7 millones en remesas (infografía) https://www.eltelegrafo.com.ec/noticias/economia/8/ecuador-recibio-2-4617- millones-en-remesas-infografía

- Wikipedia - This page was last edited on 3 February 2018, at 21:02 https://en.wikipedia.org/wiki/Ecuadorian_Americans
- Wikipedia- Mary J. Weismantel. Duke University Press (2008) - "Ecuadorian international migration". In the Ecuador Reader (Carlos De La Torre and Steve Striffler, eds.). https://en.wikipedia.org/wiki/Emigration_from_Ecuador

Pewglobal - World Bank 2016 Bilateral Remittance Matrix, accessed December 6, 2017 - http://www.pewglobal.org/interactives/remittance- map/

Mimi Whitfield - Study: "Cubans don't make much, but it's more than state salaries indicate", July12, 2016 - 03:31 PM Updated July 12, 2016 06:17 PM mwhitefield@miamiherald.com -bestcubaguide.com/cuba-poor-country-salary

http://educationconnection.com/landingpages/grants-nochat

http://www.migrationpolicy.org/article/ecuador-diversidad-en-migracion

Google - Caja de Pandora - www.abordo.com.ec páginas 117-118

- Jeffrey Toobin - "The Miss Universe Connection" pg. 36 - THE NEW YORKER, FEBRUARY 26, 2018.